comment j'ai rencontré les poissons

ÉDITIONS
DO

OTA PAVEL

×

COMMENT J'AI RENCONTRÉ
LES POISSONS

×

Traduit du tchèque
par Barbora Faure

·

Préface de Mariusz Szczygieł
traduite du polonais
par Margot Carlier

—

ÉDITIONS
DO

La traduction de ce livre a reçu le soutien
du Ministère de la culture de la République tchèque

Titre original : *Smrt krásných srnců*

© OTA PAVEL, 1971, C/O DILIA
© MARIUSZ SZCZYGIEL, 2012
© ÉDITIONS DO, 2016, POUR LES TRADUCTIONS FRANÇAISES

ISBN : 979-10-95434-02-3

Cet ensemble de textes d'Ota Pavel offre aux lecteurs français le plaisir de découvrir pour la première fois un auteur et une œuvre devenus des classiques de la littérature tchèque. Il réunit un certain nombre des histoires qui composent les recueils connus dans leur langue originale sous les titres *La Mort des beaux chevreuils* et *Comment j'ai rencontré les poissons*. Leur ordre dans ce volume a été choisi par la traductrice et il n'a pas fallu longtemps à l'éditeur pour en reconnaître la pertinence.

DE LA VIE
VÉCUE COMME UNE FÊTE

×

par Mariusz Szczygieł

Ce livre, je l'ai déjà offert à vingt-quatre personnes. Parmi lesquelles un policier, une femme de ménage, une enseignante, et aussi le fils d'un de mes cousins, qui avait étudié la mécanique dans un lycée professionnel et n'avait jamais lu un livre de sa vie, jusqu'au jour où il a eu envie d'essayer. Tous ont été sous le choc. « Oui, c'est le bouquin le plus antidépressif du monde », ont-ils déclaré, confirmant ainsi mon avis (hormis le fils de mon cousin, bien sûr, car lui n'avait aucun élément de comparaison).

L'auteur du livre, Ota Pavel, était journaliste sportif. Fils d'un juif et d'une catholique, il n'avait pas été envoyé à Auschwitz comme son père et ses deux frères, car il était trop petit et non circoncis, à cause d'une étourderie de son père. Peu avant l'entrée des Allemands en Tchécoslovaquie, la mère avait réservé des billets pour un bateau à destination du Canada ; le père, lui, avait décidé qu'ils ne quitteraient pas la terre tchèque, mais déménageraient plutôt de Prague à Bustehrad, près de Kladno, pour y passer la guerre. Son peuple avait erré des siècles durant à la recherche d'une patrie et si sa famille en avait trouvé une par ses propres moyens, ce n'était pas pour tout quitter maintenant.

Le père, Leo Popper, était un rêveur et champion du monde de vente d'aspirateurs Electrolux à domicile. Il adorait l'eau et la pêche, et savait vivre sa vie comme une fête. C'est d'ailleurs le thème principal de *La Mort des beaux chevreuils*, édité en un volume avec *Comment j'ai rencontré les poissons*. Car les poissons, c'était la passion du père et de ses frères. « Papa se fit confisquer l'étang de Bustehrad dès le début de l'Occupation. – Un Juif peut-il faire l'élevage de carpes ? le raisonnait le maire. À Bustehrad, l'étang du bas était depuis quelque temps devenu le préféré de papa, il en était amoureux comme d'une donzelle », c'est ainsi que débute le chapitre intitulé *Des carpes pour la Wehrmacht*. Ce n'était pas un étang romantique avec le doux bruissement des joncs odorants sur la rive, mais un solide bassin d'eau au milieu de la ville. « En temps de paix, papa avait coutume de se promener le long de l'étang, il emportait un sachet en papier avec des petits pains et il nourrissait ses carpes comme il aurait fait pour des poules ».

Samedi dernier, je suis allé spécialement pour vous à Bustehrad, afin de visiter le musée consacré à Ota Pavel (mort à 43 ans), ou plus exactement la pièce de souvenirs aménagée à proximité de sa maison. Dans une autre maison, qui n'était pas la sienne, car les propriétaires actuels de la maison des Popper n'avaient pas voulu, paraît-il, se priver de leur salle à manger.

Sur le bureau, transféré ici de l'appartement pragois de l'écrivain, on voit toujours une petite feuille glissée sous verre, avec une inscription manuscrite : « Dans ma vie, j'aimerais avoir assez d'argent pour pouvoir toujours acheter des fleurs à mettre sur mon bureau (janvier 1970). »

Parmi de nombreuses photos, l'une date des Jeux olympiques d'Innsbruck en 1964, où Pavel était commentateur officiel : trois hommes en chapka marchent dans la rue, on les voit de dos, l'un d'entre eux, un sac de sport à la main, se retourne, inquiet. L'inscription de sa femme : « À Innsbruck, Ota était persuadé d'avoir aperçu Martin Borman et il voulait à tout prix participer à sa capture. Il se sentait persécuté et se retournait sans arrêt pour vérifier s'il était suivi. » Quelques jours après la prise de cette photo, Ota s'échappa de l'autocar qui devait ramener l'équipe de la représentation tchécoslovaque au pays. Il fut arrêté lorsqu'il mit le feu à une grange près d'Innsbruck, voulant sauver ainsi la ville.

Deux photos pour une même file d'attente devant une librairie. Elle est si longue qu'il a fallu la photographier en deux fois. C'est la file d'attente pour son premier livre, un recueil de reportages sur les sportifs, si émouvant que même les sportifs en question pleuraient en le lisant. Cette photo lui fut envoyée à l'hôpital, comme élément thérapeutique ; tel est le commentaire qui l'accompagne. C'est à l'hôpital que son psychiatre lui offrit un cahier et un stylo – et Ota fit ainsi son entrée en littérature. Grâce à l'écriture, disait-il ensuite, il redevenait un petit garçon, en sécurité aux côtés de son papa.

« Savoir se réjouir. Se réjouir de tout. Ne pas attendre que l'avenir nous apporte quelque chose d'essentiel, de vrai. Car il est fort probable que l'essentiel se produit à l'instant présent et que l'avenir ne nous apportera rien de plus beau. » Cette citation, figurant sur le mur rempli de photos, je l'ai notée aussi pour vous, car elle rend parfaitement l'esprit de la littérature tchèque. Je me suis dit également que seul un grand dépressif pouvait écrire le livre le plus antidépressif du monde.

J'ai quitté le musée pour aller à la découverte de la ville. Il soufflait un vent froid, désagréable. J'ai vite compris qu'ici la littérature avait pris la forme de la vie réelle. Et celle-ci a aussitôt comblé mes attentes. Près de l'étang bas, le panneau municipal informait que les étangs avaient été créés pour le plus grand plaisir des citoyens. Nous étions en début d'après-midi, et un festin intitulé « Entre les étangs » se tenait sur la digue. Il y avait de la musique, les gens paraissaient sereins malgré les nuages menaçants, on vendait du poisson grillé et des saucisses... À un moment, l'homme qui animait la fête, et qui faisait penser à un boucher, dit soudain au public :

— Je suis honoré de pouvoir saluer...

Là-dessus, je me suis arrêté, curieux de découvrir quelle personne célèbre il allait nous présenter. Sans doute des notables locaux, me suis-je dit, mais l'animateur termina sa phrase de façon si inattendue et si ravissante pour introduire l'invité qui lui faisait l'honneur de sa présence, qu'elle m'apparut comme la phrase la plus sexy que j'avais jamais entendue de la bouche d'un homme :

— ... le petit soleil d'amour, conclut-il.

Car une lumière jaune filtra soudain de derrière les nuages en nous illuminant.

Après avoir consommé du poisson et des saucisses, les gens se sont dirigés vers le café situé à côté de la maison de retraite et inauguré deux jours plus tôt sous le nom « Aux premiers-nés » ; quant à moi, je me suis mis à faire le tour du bas-étang, celui où Leo Popper flottait dans un baquet, en m'éloignant ainsi de la foule. Une femme d'une cinquantaine d'années, vêtue d'un manteau de cuir noir, est arrivée en face avec une poussette. « Bonjour ! », me salua-t-elle. Je l'ai saluée à mon tour, tout en continuant mon chemin. Mais, surpris par son comportement bizarre, j'ai fait demi-tour.

— Excusez-moi, madame, pourquoi m'avez-vous dit bonjour ?

– C'est parce que je ne suis pas d'ici, répondit-elle.
– Vraiment ? fis-je, décontenancé.
– Je suis arrivée ce matin de Prague pour rendre visite à ma fille et à mon gendre, m'expliqua-t-elle avec précision.
– Mais puisque vous n'êtes pas d'ici, repris-je, pourquoi alors dire bonjour aux gens ?
– Eh bien, justement, parce que j'aimerais être d'ici.

Puis nous sommes arrivés chez le gendre en question, en salopette de travail tachée de peinture (alors qu'on était dimanche), et comme nous nous tenions à huit mètres à peine de la maison d'Ota Pavel, je lui ai demandé pourquoi un rétroviseur était fixé au châssis d'une fenêtre du premier étage. « Pour que les voleurs puissent s'y mirer », a-t-il répondu, amusé.

Alors que j'attendais le bus de retour pour Prague, j'ai eu le loisir de lire une affiche d'information : dans le village voisin de Tuchomerice (la commune compte à peine 1109 habitants), au 104, rue de la Poste, aura lieu un spectacle des travestis Daisy Dee et Chi Chi Tornado, réservation obligatoire au numéro indiqué. Et je me suis dit que moi aussi, j'aimerais être d'ici, comme Ota Pavel et son papa Leo Pavel, mais mon bus arrivait trois minutes plus tard.

Mariusz Szczygieł vit à Varsovie mais son esprit, comme il aime à le dire, se promène à Prague. Il est l'auteur de deux recueils de récits consacrés à la République tchèque, *Gottland* et *Chacun son paradis*, parus aux éditions Actes Sud et traduits par Margot Carlier.

À maman,
qui avait mon papa pour mari

LE PLUS CHER
DE TOUTE L'EUROPE CENTRALE
×

Avant la guerre, maman avait une envie folle de se rendre en Italie. Ce n'était pas tellement pour voir les statues de Michel-Ange ou les tableaux de Léonard de Vinci, mais plutôt pour se baigner au moins une fois dans une mer tiède. Originaire de Drin près de Kladno, où il n'y avait qu'une pauvre petite mare aux canards sur laquelle flottait une couche épaisse et verte de lentilles d'eau, elle n'avait jamais pu, dans sa jeunesse, profiter d'une bonne baignade. Alors, à chaque printemps, elle posait à papa la même question :

– Mon petit Leo, est-ce qu'on y va cette année ?

Mon papa Leo répondait généralement que justement cette année nous n'avions pas assez d'argent et qu'à son avis, on serait beaucoup mieux près de Krivoklat, sur la rivière Berounka. Car papa avait bien d'autres préoccupations. Au premier rang de ses intérêts se trouvaient le commerce et les poissons. Il était exceptionnellement doué pour ces deux activités, mais donnait une préférence aux poissons, ce qui était fort préjudiciable tant à notre famille qu'à la maison suédoise Electrolux, où il était représentant en réfrigérateurs et aspirateurs. Parfois il disparaissait carrément de sa tournée et on le retrouvait sur la Berounka avec son meilleur ami le batelier Karel Prosek, à pêcher le brochet en appâtant avec des perches.

L'apogée de son amour des poissons fut sa décision de nous acheter un étang à carpes. Nous allions avoir nos propres carpes, mais de plus nous allions nous faire plein d'argent lorsqu'on viderait l'étang. Maman regardait cela d'un œil sceptique. Elle mettait papa en garde : ce n'était pas son domaine, il ne fallait pas se lancer là-dedans. Mais elle ne protestait pas outre mesure, papa était assez porté à se mettre à crier dans ce genre de situations. Elle finit quand même par remarquer qu'on ferait peut-être mieux de mettre cet argent sur un voyage en Italie. Papa ne répondit rien, se contentant de lui lancer un regard négatif. Car il était persuadé qu'il s'y connaissait mieux en commerce que maman et toute sa parentèle de chrétiens. Ce regard renfermait la sagesse millénaire de ses ancêtres et exprimait une réalité incontournable : l'argent encaissé par la vente des carpes nous permettrait de partir en Italie avec toute notre famille étendue. Je dois avouer que maman redoutait cela par-dessus tout.

Alors papa se mit en quête de cet étang. Il se le représentait de toute la force de son âme, qui était profonde et sensible. Un étang bordé de saules inclinés, avec çà et là une feuille de nénuphar en forme de cœur, les calices jaunes des fleurs et dans l'eau chauffée au soleil, des carpes grosses comme des veaux. Cette idée attirait papa comme le pollen attire une abeille. Il visita une bonne partie de la Bohême, mais un tel étang n'était à vendre nulle part.

Jusqu'au jour où il reçut à Krocehlavy la visite d'une de ses connaissances, le docteur Vaclavik, un grand type fort, avec une moustache sous le nez. Le docteur s'adressa à papa qui portait alors, Dieu sait pourquoi, le titre d'inspecteur :

– Monsieur l'inspecteur, ça ne vous intéresserait pas d'acheter mes poissons ?

Papa sursauta :

— Ça me reviendrait à combien, Docteur ?

Le docteur :

— Dix mille. Je vous apporterai la facture pour vous montrer combien j'ai payé les carpeaux il y a quelques années. Évidemment ils ont beaucoup grossi depuis ce temps-là. Vous verrez par vous-même.

— Je vous crois, Docteur, répondit papa.

Et le docteur :

— Venez, que je vous montre au moins à quoi ressemblent ces carpes.

Ils y allèrent. En chemin, papa eut le sentiment d'avoir enfin trouvé. Cette fameuse intime conviction qui lui permettait toujours de deviner où il arriverait à placer un réfrigérateur, où un aspirateur et où ce n'était même pas la peine de sonner ou de frapper à la porte. Tout comme il sentait à distance une bonne vente, il se représentait maintenant son étang d'élection avec ses carpes dodues.

Ils s'arrêtèrent sur la digue et le docteur Vaclavik laissa à papa le temps de jouir de la vue, celle d'un petit étang rectangulaire, bordé de saules vert tendre dont les rameaux trempaient dans l'eau tranquille, avec par-ci par-là à la surface un nénuphar aux fleurs jaunes. Papa soupira et son ami, le docteur Vaclavik, dit d'un ton convainquant :

— Et maintenant les carpes.

Il tira de sa poche un petit pain. Il le cassa et en lança la moitié près de la digue. Le docteur souriait d'un air assuré et papa fixait le pain des yeux. Soudain la surface se fendit, un gros corps jaune apparut et une gueule béante écarta ses mâchoires. Et le pain disparut. Papa gémit :

— Bon Dieu, celle-là fait au moins cinq kilos !

Et le docteur, de son ton convaincant :

— Six.

L'affaire était dans le sac. Papa rentra à la maison chercher toutes nos économies et maman pouvait se consoler en se disant que nous avions un étang avec nos propres carpes. Le seul inconvénient, c'est qu'il était loin de Prague.

À partir de ce jour, papa était souvent radieux, il avait parfois un sourire absent, et maman disait qu'il était encore parti rejoindre ses carpes à Krocehlavy. Maman montrait toujours beaucoup de compréhension pour les faiblesses de papa, elle se laissait donc entraîner dans d'interminables discussions relatives à la croissance probable des carpes. Papa se frottait les mains en disant à maman :

– Ma petite Herma, on va se faire un pactole, un vrai pactole.

J'ignorais ce qu'était un pactole, mais ce devait être quelque chose de magnifique et de grand, parce que papa avait un sourire béat en caressant les mains de maman.

L'automne approchait et avec lui la vidange de notre premier étang. Notre famille, et surtout papa, s'y préparait comme pour une grande fête. Papa demanda un congé à sa boîte Electrolux.

Le directeur lui demanda :

– Alors, c'est encore la pêche, encore la pêche ? Cela vous perdra, M. l'inspecteur.

Maman acheta exprès pour l'occasion un manteau à la mode en drap de cover-coat. Elle était obligée d'inviter ses deux beaux-frères ouvriers, des costauds, Karel Kopriva et Karel Hruza. Ils furent chargés d'une mission sérieuse : surveiller la digue pour que personne ne vienne voler les carpes prélevées. Pour le dépeuplement, papa engagea un spécialiste, M. Stehlik, de Smichov. Celui-ci arriva avec une équipe de huit hommes vêtus de combinaisons en caoutchouc qui les couvraient de la tête aux pieds.

M. Stehlik, un homme d'expérience, grand et déjà âgé, aimait faire les choses comme il faut. Ce qui se déroulait sur la digue de cet étang idyllique avec ses saules et ses nénuphars s'apparentait plutôt à une expédition militaire contre un ennemi inconnu. On y avait stationné deux cinq-tonnes de la marque Praga, chargés de bouteilles d'oxygène et de barriques – des bachottes – pour le transport des carpes. Les hommes-caoutchouc déployaient leurs filets en se mouvant sans bruit.

L'étang se vidait de son eau et papa régalait ses invités, en prévision des gains considérables tirés de la vente des carpes, promises à la maison Vanha.

Un en-cas de saucisses chaudes avec de petits-pains et deux caisses de bière.

Pour déjeuner, un repas au restaurant Nejedly. Avec la consommation de bière, l'humeur embellissait. Seul papa ne buvait pas, ce n'était pas trop dans ses habitudes.

À trois heures de l'après-midi, des centaines de spectateurs se massaient sur la digue et l'étang était presque vide.

M. Stehlik donna le signal de l'assaut. Un des pêcheurs sonna une trompette dorée et les hommes se mirent à tirer. Le filet se tendit en une grande courbe et les flotteurs à la surface de l'eau se balançaient comme des canetons. M. Stehlik lançait ses ordres. Les bonshommes en caoutchouc, pareils à des marionnettes, agitaient les bras d'avant en arrière. La tension des spectateurs montait à l'approche du dénouement.

L'espace des carpes s'était rétréci, ce n'était plus qu'un petit cercle. Déjà, on aurait dû apercevoir l'ondulation et le bouillonnement des poissons à la surface, mais rien ne se passait. Papa, à qui ce phénomène n'était pas étranger, avait pâli et des gouttes de sueur perlaient sur son front.

Les pêcheurs réduisaient le périmètre, les flotteurs se touchaient déjà de tous côtés. Manifestement, le filet était vide. À la bonne heure ! Quelque chose s'agita à la limite de la boue et de l'eau. M. Stehlik attrapa habilement la bête avec son épuisette et la souleva. Une carpe ! Et quelle carpe ! Papa reconnut le poisson, il poussa un gémissement et les spectateurs sur la digue éclatèrent d'un rire homérique. Tout le monde pouffait de rire, sauf maman et papa.

C'est pour maman que l'humiliation était la plus dure, elle avait longtemps vécu à Drin, mais Krocehlavy était sa ville natale. Elle nous serrait contre elle et elle murmurait :

– Mes pauvres enfants. Si vous saviez quel homme vous avez pour papa !

Entre temps, papa était descendu jusqu'à l'étang, il regardait de toute sa hauteur ce poisson qui ouvrait et refermait sa gueule, l'examinant comme s'il voyait une carpe pour la première fois de sa vie. Le docteur Vaclavik n'avait pas menti, elle faisait bien plus de six kilos, elle avait beaucoup grossi depuis que papa avait acheté l'étang.

Ensuite papa se précipita vers la villa des Vaclavik, bien décidé à régler toute l'affaire à la mode des boxeurs, comme il avait vu faire M. Frantisek Nekolny.

La bonne vint lui ouvrir :

– Monsieur est parti en Italie avec Madame pour des vacances.

– C'est mon argent qui les leur a payées. Et en Italie !

Ce jour-là, nous avons eu de la carpe au dîner. Évidemment, maman faisait la tête et c'est seulement quand papa déclara d'un ton remonté :

– Mes enfants, puisque nous l'avons payée, nous allons la manger – que maman remarqua d'un ton assez énervé que ce dîner serait onéreux même pour M. Rothschild, le congénère de papa. Et là, elle avait clairement raison. Ce fut sans doute la carpe la plus chère de toute la Tchécoslovaquie, et même de toute l'Europe centrale. En comptant les frais de dépeuplement, papa avait payé onze mille cinq cents couronnes, une somme avec laquelle nous aurions pu importer des saumons vivants tout droit du Canada, comme maman fit remarquer à la fin du dîner.

Papa finit par se calmer et le match de boxe avec le docteur Vaclavik n'eut jamais lieu.

Des années passèrent. Papa continua à vendre des aspirateurs et des réfrigérateurs et à aller à la pêche sur la Berounka.

Un jour qu'il était assis dans son bureau de la rue Konviktska, on vint frapper à la porte, papa dit d'entrer et qui voit-il ? Le docteur Vaclavik. Papa devint tout rouge, il voulait tout d'abord le tabasser, mais ensuite il se calma. Puis papa remarqua que le docteur n'avait plus sa moustache. Le docteur dit d'un ton suave :

– Comment allez-vous, M. l'inspecteur ? Ça fait un moment que nous ne nous sommes pas vus.

Papa voulut répondre qu'il allait très bien parce qu'il n'arrêtait pas de manger ces carpes que le docteur lui avait vendues, mais il ne dit rien. Quelque chose lui soufflait à l'oreille d'attendre et de voir venir. Le docteur Vaclavik finit par lui annoncer que sa femme voudrait un réfrigérateur.

– Je viens vous voir, M. l'inspecteur, comme vous êtes de par chez nous, je sais que vous serez de bon conseil.

Et il fit un sourire à papa.

– Bien entendu, docteur, c'est ma branche, gazouilla papa et il se lança dans sa ritournelle :

– Je vous recommande le modèle GV, système Platen-

Munters, avec un dessus en marbre, à dix mille trois cent cinquante couronnes.

Le docteur Vaclavik ignorait tout du miraculeux système Platen-Munters, mais il acquiesçait avec ferveur. Papa alla ensuite lui montrer le réfrigérateur et le docteur fut très satisfait, surtout à cause de la plaque de marbre qui le recouvrait. Puis papa l'emmena dans son bureau, il lui offrit un cognac, ils passèrent un bon moment à bavarder, le docteur lui apprit tout sur les divorces, les mariages, les naissances et les décès à Krocehlavy et papa lui raconta des blagues juives sur M. Kohn et M. Abeles. Et quand le docteur fut un peu éméché après tout ce cognac, papa lui promit que la maison acheminerait le réfrigérateur d'ici trois jours à Krocehlavy, mais qu'il fallait payer comptant. Le docteur dit qu'il n'avait pas cet argent sur lui, mais qu'il allait passer à la banque. Il revint une heure plus tard, il paya le réfrigérateur et papa lui donna un reçu.

Le docteur parti, papa fit venir le magasinier Skvor.

– Est-ce que tu aurais un vieux frigo de réforme ?

– On peut bien en trouver encore un par ici.

Alors papa demanda au peintre Kucera de laquer le vieux frigo et ordonna de vider tout l'intérieur, pour ne garder qu'une caisse vide. Il fit recouvrir le tout avec l'emballage d'origine portant des étiquettes *Made in Sweden* et songea avec un peu de regret que l'étang de Krocehlavy était, lui aussi, merveilleux à voir, avec sa bordure de saules et ses nénuphars jaunes. Pour atténuer un peu la peine de M. Vaclavik, papa fit ajouter dans le carton cette fameuse plaque de marbre qui avait tellement plu au docteur.

Ils expédièrent le réfrigérateur à Krocehlavy.

Le docteur fit venir de Libusin le technicien Beznoska

pour lui brancher l'appareil. Il paraît que le technicien partit en courant. Il criait, tout effaré, qu'il ne voulait rien avoir à faire avec tout cela.

Le docteur Vaclavik téléphona aussitôt à papa en hurlant :

— M. l'inspecteur, ce frigidaire, il n'y a rien dedans ! Vous ne m'avez envoyé qu'une caisse vide ! J'ai déjà une cage à lapins, je n'en ai pas besoin d'une autre !

Et papa de répondre :

— Ouais, M. le docteur, je n'y peux rien. C'est comme pour cet étang. Là non plus, il n'y avait rien dedans, et pourtant il était beau à voir.

Et il reposa le combiné.

Le docteur Vaclavik ne vint pas à Prague régler l'affaire avec papa à la mode des boxeurs, il ne porta même pas plainte. Mais chez eux, la soirée n'avait pas dû être très joyeuse, comme chez nous après la pêche de l'étang. Le docteur n'avait-il pas acheté le clapier à lapins le plus cher de toute la Bohême, et même de toute l'Europe centrale ?

AU SERVICE DE LA SUÈDE

×

Le directeur général de la maison Electrolux où mon père était employé, M. Frantisek Koralek, était un richard. Il touchait trente mille couronnes de fixe par mois, il possédait une villa à Orechovka, achetait chaque année une nouvelle voiture américaine, n'avait pas d'enfants mais avait sa propre écurie Frako (Frantisek Koralek) à Chuchle, de superbes chevaux, eux aussi de marque Electrolux, et des jockeys anglais pour les monter.

Mais d'après papa, M. Koralek était surtout un gangster et la raison principale en était clairement qu'il avait pour épouse une certaine Mme Irma qu'il ne méritait absolument pas. Car mon papa en pinçait énormément pour Mme Irma. Pour une femme juive, elle avait d'étonnants cheveux blonds, des yeux bleus et puis des seins d'une forme magnifique, se dressant sous des étoffes suggestives tel le satin ou la soie sauvage, ainsi qu'un fessier ferme et rondelet. Sa beauté était comparable à celle des juments que son époux gardait dans son écurie et sur son visage se lisait un air cultivé et spirituel, ce qui impressionnait papa au plus haut point, lui qui ne savait pas faire la différence entre « i » et « y » dans les mots les plus simples, car il s'était fait expulser de l'école dès son plus jeune âge à cause d'une série de méfaits, dont le dernier fut de lancer un encrier plein sur son instituteur M. Lukes.

Notre maman n'ignorait rien de l'amour secret de papa

pour Mme Irma, mais cela ne la troublait pas outre mesure. Elle estimait que les chances de papa étaient aussi minces que s'il avait voulu gravir le mont Everest. Il était chargé de famille (trois garçons), ne possédait ni chevaux ni belle Américaine et ne s'y connaissait qu'en foot, en boxe et en poissons, ce qui ne risquait pas d'éblouir Mme Irma. Sans compter que le passé de papa était de notoriété publique. Avant d'entrer dans la célèbre maison Electrolux, il avait vendu des extincteurs de fabrication nationale Toutankhamon. On savait que plus d'une fabrique avait brûlé après l'intervention de ces extincteurs. Il avait également évoqué quelque part notre mode de vie à cette époque-là et cela s'était su dans tout Prague. Nous habitions dans un petit village au cœur des forêts près de Marianské Lazne, nous nourrissant de champignons au sel sans œufs, et de pain avec de l'oignon, ce qui est bon pour la santé.

Mais il arriva un miracle. À partir du moment où ce Frantisek Koralek dit :

— Alors on vous engage comme représentant de commerce — une bonne étoile commença à s'élever dans le ciel de papa.

Cela se produisit ainsi : on le prit d'abord à l'essai dans la filiale d'Electrolux à Plzen et on lui confia avec méfiance un aspirateur à poussière dans sa valisette en bois. Comme on ne lui avait pas payé ses frais de déplacement, il lui fallut rentrer à pied avec la valisette jusqu'à Rokycany parce qu'il n'avait pas de quoi se payer le train. À Rokycany il passa deux heures debout au milieu de la place, avant de prendre son courage à deux mains, de frapper à la porte de son premier client et de réciter pour la première fois la formule qu'on lui avait enseignée et qu'il s'était répétée durant tout le chemin depuis Plzen.

— Je représente la maison Electrolux et je vends des aspirateurs estampillés *Made in Sweden*.

Ce jour-là, le monsieur n'avait pas mis papa à la porte. Et il en avait même acheté un. Papa vendit quatre aspirateurs à Rokycany dans la même journée, ce qui était un exploit pour un novice, car les gens étaient attachés depuis des centaines d'années à leurs balais et leurs balayettes, considérant un aspirateur à deux mille couronnes comme une invention du diable et de surcroît parfaitement inutile. De Rokycany, il partit à Radnice en empruntant l'argent du billet (là, son oncle docteur le recommanda à ses patients) et à Pribram. Il répétait sa phrase toute faite, suivie de la démonstration de l'appareil, de sourires, de flagorneries, de courbettes. En dix jours, il vendit trente-et-un aspirateurs. À Plzen, personne ne voulut le croire. Une fois qu'on avait vérifié la chose, on l'emmena à Prague pour l'exhiber comme le saint sacrement. Les portes s'ouvraient sur son passage dans le couloir de la direction générale, les employés chuchotaient entre eux et le montraient du doigt. On le conduisit auprès du directeur général Koralek, où attendait déjà sa blonde épouse aux yeux clairs qui regarda mon papa affolé d'un œil rêveur, lui tendit sa menotte et dit :

— Monsieur, je vous félicite.

Mon papa se sentit illico au septième ciel. Il se dit séance tenante qu'il n'avait jamais vu de femme aussi belle, il baisa sa menotte en partant, bégayant de bonheur et se promettant une fois dehors d'œuvrer de toutes ses forces pour l'entreprise et pour cette dame.

C'est ce qu'il fit.

Pour la firme Electrolux l'arrivé de papa fut une grande aubaine. Il s'avéra rapidement qu'il était un prodige en ce qui concerne la vente d'aspirateurs et de réfrigérateurs.

Difficile de dire à quoi cela tenait, mais il était génial dans ce domaine et si le talent est déjà malaisé à reconnaître chez les génies artistiques, il l'est d'autant plus quand il s'agit de vendre des aspirateurs à poussière. Ses yeux exprimaient la joie, la tristesse, l'humilité et surtout le charme d'un homme élégant et séduisant. Il était à la fois têtu et insolent, sans jamais franchir la limite du bon goût. Parmi ses nombreux concurrents, seules les mauvaises langues se permettaient cette remarque galvaudée : « Chassez-le par la porte, il revient par la fenêtre. » Il devint sans tarder le lauréat de la République auprès de la firme Electrolux ; cette maison avait ses champions de vente dans le monde entier, tout comme il y a des champions de football ou de natation. Lors d'une cérémonie officielle, le directeur général Frantisek Koralek lui remit une montre en or de marque Movado à double boîtier, gravé d'un impressionnant « Premier Prix ». Mme Irma lui tendit sa menotte et redit :

– Monsieur, je vous félicite.

Et elle fit un sourire à papa. Celui-ci ne comprit pas vraiment qu'il s'agissait d'un sourire de pure courtoisie qui n'allait pas plus loin que cela. Galvanisé, il gagna une deuxième montre Movado à double boîtier et il allait sans doute devenir le champion mondial invincible de la firme Electrolux. Il s'élevait ainsi vers des hauteurs vertigineuses, propulsé entre autres par la vision de la belle Mme Irma. Notre maman nageait elle aussi dans la félicité car nous étions devenus prospères. Nous avions meublé notre appartement, acheté des habits, rempli le garde-manger en achetant du traiteur chez Lippert. Et quand nous eûmes tous les produits de première nécessité, maman nous dit :

— Les garçons, papa ne va sans doute pas tarder à faire des siennes.

Et c'est ce qui arriva. Il se mit à s'habiller comme un dandy. Il acheta des costumes anglais à Prikopy, des chaussures dans la rue Vodickova, et jusqu'à un pardessus en homespun. C'était alors un tissu très rare, qui lui permettait d'épater discrètement ses clients et une fois même Mme Irma : il y enfonçait son crayon jusqu'à la moitié, puis il le ressortait et le tissu se refermait de lui-même. Et le coiffeur et le barbier – ne les oublions pas – à l'époque papa fréquentait l'un des meilleurs salons de Prague, chez M. Weber dans le passage Alfa. Pour couronner le tout, il acheta une voiture américaine. Avouons-le, elle n'était pas de la prime jeunesse, mais c'était quand même une décapotable américaine à deux phares de la marque Buick, six cylindres, vingt-six litres aux cents. Maman joignit les mains et elle se lamenta :

— Mon petit Leo, qu'allons-nous faire de cette grande auto ? Et qui va la conduire ?

— Moi, répondit papa d'un ton assuré, même s'il savait que ce n'était pas possible car à chaque fois qu'il prenait le volant, cela se terminait en catastrophe. Et il savait bien que c'était une grosse voiture, même le directeur général Koralek n'en avait pas une aussi énorme, et c'était précisément l'intérêt de la chose. La conduite de cette auto se révéla très compliquée et il nous fallut trouver un chauffeur, Tonda Valenta, pour la sortir le dimanche. C'était un grand gars blond, sympathique, d'une patience de saint avec papa, et il nous emmenait à la pêche à Krivoklat en passant par Lany. Mon papa, assis à son côté, n'arrêtait pas de lui donner des conseils. Un autre homme l'aurait tué, mais Tonda souriait toujours. Un jour, papa insista pour prendre le volant justement pour traverser Lany :

— Tony, fais voir, je voudrais la prendre au moins une fois pour passer devant le château de M. le président.

Sur le siège arrière, maman eut beau crier et protester, rien n'y fit. Devant le château, papa accéléra pour prendre le virage, bien entendu il rata son coup et termina sa course en plein dans le portail vert de M. le président. Nous fûmes dégagés par des vaches et notre Américaine quitta les routes tchèques pour un certain temps.

Il va de soi que le directeur général Koralek fut au courant de notre visite dominicale chez M. le président et il vint le lendemain demander à papa avec un sourire :

— Et votre Buick, vous en êtes content ?

— Tout à fait, répondit papa sèchement, et pour la première fois, il lui prit une grande colère contre son chef. Il regardait son visage rond et lisse derrière son bureau, il voyait sa tête encadrée sur les murs, dans tous les bureaux, partout, il n'entendait que Koralek, Koralek, Koralek. Avec le temps, papa se mit carrément à le détester. Plus sa rancune augmentait, plus il adorait et plaignait Mme Irma, qui ne pouvait que souffrir.

Mais papa n'était toujours qu'un commis voyageur, malgré son pardessus en homespun et sa bagnole américaine de marque Buick. Malheureusement, il ne s'en rendait pas compte. Et Mme Irma dans sa villa à Orechovka continuait à s'acheter des chienchiens, des porcelaines précieuses de Rosenthal et de Meissen, des radios hollandaises d'origine, de marque Philips. Depuis les plus hauts sommets, elle observait l'itinéraire de mon pauvre papa, dont elle savait qu'il lui faisait du gringue.

Mais papa avait décidé qu'il réussirait en tout, qu'il allait monter plus haut, aller plus loin, devenir peut-être le champion imbattable du monde entier.

Et il y parvint.

Ses records de vente d'aspirateurs et de réfrigérateurs lui permirent de damer le pion aux commis voyageurs de cinquante-cinq pays du monde. Il n'y avait qu'au Japon, où Electrolux avait deux mille représentants, qu'il rencontrait une fière compétition pour le titre. Papa finit par l'emporter sur un dernier rival, un représentant de Buenos Aires. Il avait vendu le plus grand nombre d'aspirateurs au monde en accomplissant des prouesses incroyables. Il était parvenu à faire acquérir des aspirateurs à des paysans de Nesuchyne où il n'y avait pas encore de courant électrique. Bien entendu, il leur avait promis qu'il allait les aider à faire venir l'électricité, mais il ne tint pas sa promesse. Il vendit un aspirateur à son instituteur M. Lukes, celui sur qui, enfant, il avait lancé un encrier, et même au brigadier Kralicek qui lui avait jadis confisqué son fusil à percuteur, quand il l'avait pris en train de braconner. Il persuada le premier ministre d'acheter un réfrigérateur et en vendit carrément deux au professeur Edvard Benes.

C'est à l'hôtel Alcron qu'il fut couronné champion du monde. Le président de la compagnie (arrivé par avion de Londres pour l'événement), lui épingla une médaille d'or sur son veston. La cérémonie fut filmée par le célèbre journal américain de la Fox (le cameraman arriva par avion des États-Unis). Papa n'était pas arrivé en avion, mais il avait pris le tramway avec maman (notre Buick était toujours en réparation).

À la réception, le premier plat servi fut du poulet rôti.

Chacun s'escrimait à le couper, hormis papa. Il empoigna une fourchette sans que maman puisse l'en empêcher, fit tinter son verre pour avoir le silence et déclara :

– Maintenant je vais vous montrer comment on mange chez nous à Bustehrad. Il prit le poulet à pleines mains et mordit dedans à belles dents. Tout le monde l'imita, les représentants, il y en avait trois cents, pleins de reconnaissance, murmuraient même :

– Ce Popper, c'est vraiment un type génial !

Mais à la table d'honneur un silence glacial se fit, le président et les directeurs généraux continuèrent à s'escrimer avec leur poulet au couteau et à la fourchette ; M. Koralek et Mme Irma échangèrent un regard entendu qui disait tout sur papa. Et lui aussi s'en aperçut lorsqu'il posa les yeux sur Mme Irma dont il attendait, lui, le champion du monde, un regard radieux. Elle lui sourit bel et bien, mais son sourire ne disait rien de plus qu'auparavant et dans ses pupilles se lisait de surcroît la souillure de ce poulet rôti qu'il brandissait dans sa main droite. Et là, mon papa vit aussitôt se dresser entre lui et Mme Irma ce mur infranchissable pour un simple représentant de commerce, serait-il parvenu à vendre un aspirateur au Bon Dieu en personne. Et cela l'attrista un peu, au point qu'à la fin du banquet rien ne parvint à le dérider, pas même les éléphants glacés qu'il aimait par-dessus tout.

Pourtant il se produisit un événement particulier et inattendu, qui redonna ses chances à papa, pour parler en langage sportif.

À Prague résidait le peintre Vratislav Nechleba. Un homme célèbre et renommé comme peu d'artistes de leur vivant. Le connaître revenait à monter un peu plus haut dans l'échelle sociale et quant à devenir son ami, là, c'était carrément impensable pour un simple mortel, d'autant que Nechleba était un original qui ne se liait pas aisément d'amitié.

Or, à la foire-exposition de Prague, ce monsieur, un petit homme aux cheveux longs, vint visiter le stand de papa qui vendait ses réfrigérateurs et se présenta :

– Je suis Nechleba.

Bien entendu, papa n'avait pas la moindre idée de quel Nechleba il s'agissait, il ne connaissait que les champions de boxe, à commencer par Hermanek et Nekolny, mais il acquiesça de la tête, comme si tout lui était clair. M. Nechleba eut un sourire, il plissa les yeux sous ses sourcils épais, il montra les frigidaires et dit :

– Je serais intéressé par un machin de ce genre. Mon petit père, venez me voir à l'académie.

Papa se rendit donc à l'académie, et dit au portier :

– Je cherche un certain M. Nechleba.

– Oui, c'est M. le professeur. Atelier au premier.

Papa monta à l'étage, sonna à la porte et c'est justement ce monsieur de petite taille aux cheveux longs qui vint lui ouvrir.

– Ah, c'est vous, mon petit père. Attendez un moment. J'ai quelque chose à finir.

Papa s'assit dans un fauteuil de cuir et observa quelques instants le professeur, qui embellissait au pinceau le visage d'un homme qui avait l'air d'un fou aux cheveux en broussaille. Ce personnage du tableau ne lui plaisait pas spécialement, il reflétait une sorte d'agitation intérieure, il perturbait papa, qui s'en détourna pour regarder autour de lui. L'atelier contenait des dizaines de tableaux sur des chevalets, aux murs ou simplement dressés par terre, représentant des présidents, des artistes, des financiers, des personnages bibliques. Un nouveau monde s'ouvrait soudain devant papa, un monde inconnu jusqu'ici, ces visages dans les tableaux exerçaient sur lui une attraction nouvelle, magique, comme s'ils étaient tous là et voulaient dialoguer avec lui. Il se leva et fit le tour de l'atelier. Il s'aperçut que le monde du peintre lui était familier, qu'il le comprenait, lui qui était un connaisseur de l'humanité. Chacun de ces hommes avait l'air vivant, comme s'il s'apprêtait à sortir du cadre, à se présenter en vous tendant la main. Et papa se prit à se demander auquel d'entre eux il pourrait vendre un aspirateur ou encore un réfrigérateur, comment il s'y prendrait pour celui-ci ou celui-là et comme il connaissait bien le genre humain, il lisait sur ces visages le bonheur ou le malheur qu'ils avaient rencontré sur leur chemin de vie. Une voix le tira de ses songeries :

— Ça vous plaît, mon petit père ?

— Beaucoup, M. le professeur, je n'aurais jamais cru qu'on puisse peindre les gens avec autant de vérité, répondit sincèrement papa qui ignorait tout de Léonard de Vinci, Rubens ou Rembrandt. Et il se mit à parler des hommes, tels qu'il les connaissait. De leur regard au moment où ils s'apprêtent à mourir ou à tuer. Du petit bonhomme boiteux qui avait jeté un tabouret à la tête d'un maquereau dans une boîte de nuit de Hambourg, lui ouvrant le crâne en deux et faisant gicler la cervelle, qui avait éclaboussé papa. Des yeux de son ami Yuban qui avait bu son urine en s'évadant dans le désert africain. Et il raconta encore bien d'autres histoires au professeur et celui-ci écouta avec le même intérêt que papa avait porté à ses tableaux quelques instants plus tôt.

Puis le professeur emmena papa dans son appartement. Il lui présenta ses deux énormes chiens. Un dogue fin et doré :

— Voici Hélios.

Et un mastiff anglais qui grognait :
— Sam.

Et il lui montra ses perroquets qui criaient à papa : — T'as un cul ? Salopard ! — Il lui ouvrit la porte de toutes ses chambres ; il lui avait déjà ouvert son cœur car papa était en fait un voleur de cœurs. En une heure, il avait réussi à gagner celui du professeur, il le tenait comme qui dirait dans la paume de sa main et il le réchauffait de son souffle, qui faisait partie de son arsenal de commis voyageur. À la fin, le professeur lui dit :

— Je vais en prendre deux, de ces frigidaires. Un pour ici et un pour mon atelier. Et revenez donc me voir.

Mon papa aurait tout à fait oublié le professeur, si le nom de Nechleba n'avait pas été évoqué à la direction, autour d'un café noir, quelque temps plus tard. Et ce nom avait retenti très fort, car il remarqua aussitôt à mi-voix :

— C'est un ami à moi.

Autour de lui ces mots firent l'effet d'un coup de poing. Le directeur général Koralek faillit s'étrangler sans trop y croire, car c'était seulement peu après le jour de ce fameux banquet où papa avait mangé son poulet avec les mains et le directeur s'était fait sa propre opinion sur son niveau culturel. Il l'exprima d'une phrase :

— Vous devez confondre avec quelqu'un. Je parle de M. Vratislav Nechleba, notre meilleur portraitiste contemporain. Le peintre, comprenez-vous ?

— Mais oui, monsieur le directeur, nous avons justement discuté l'autre jour dans son atelier de ce que peuvent exprimer ou pas les yeux d'un homme.

Et Mme Gutova, la fondée de pouvoir, de demander aussitôt :

— Et que peuvent raconter les yeux d'un homme ?

Papa répondit du tac au tac :

— Ça, seuls les artistes peuvent le comprendre.

Avec ces paroles, il s'éleva bien au-dessus de l'assistance car ni les commerciaux, ni même le directeur général, aucun d'entre eux ne pouvait imaginer toutes les choses que peut exprimer un regard humain.

À la fin de la pause, le directeur général Koralek fit signe à papa de le rejoindre dans son bureau, il avait l'air bienveillant et il dit tout à trac :

— Qu'en pensez-vous ? Nechleba accepterait-il de peindre mon épouse Irma ?

Ce fut comme un coup de tonnerre. Bon Dieu, pourquoi n'y avait-il pas pensé tout de suite ? Pourquoi n'avait-il pas dit au professeur, quand il était chez lui, qu'il connaissait la femme la plus séduisante de tout Prague ? Il en serait tout paf, quand il la verrait ; elle serait le modèle le plus beau qu'on puisse trouver. Et cela rendrait Irma heureuse et la remplirait de reconnaissance à son égard. Elle lui sourirait de son sourire magnifique comme elle faisait jadis, et peut-être même l'accompagnerait-elle au salon de thé, voire ailleurs. Mais il était trop bon commerçant pour montrer son enthousiasme devant la proposition du directeur. Bien au contraire, il allait tergiverser, reculer, faire des blagues, se faire prier. Il n'en serait que mieux payé. Il resta assis là, en silence.

— Vous n'avez pas entendu ce que j'ai dit ? insista le directeur général Koralek.

— Je sais, mais ce n'est pas aussi simple.

— Je ne vous ai pas attendu pour le savoir. Ce Nechleba a fait dire à Bata qu'il ne peignait pas les cordonniers et il a pris trois cent mille au président Masaryk pour un portrait. Mais moi, comprenez-vous, l'argent m'importe peu. Je veux bien payer même un demi-million.

Papa n'en crut pas ses oreilles car il connaissait l'avarice de Koralek. Mais comme il comprenait le regard des hommes, il vit dans ces yeux bruns devant lui l'immense désir de détenir quelque chose qui serait quasiment inaccessible aux autres richards. Ce qui intéressait ce monsieur qui n'arrêtait pas de dégoiser devant ses subordonnés, ce n'était pas tant l'art, pas même le magnifique portrait de son épouse, mais la possibilité de prononcer enfin ces mots :

— Nechleba est en train de faire le portrait de ma femme.

Et de pouvoir répéter ladite phrase au déjeuner, au dîner, l'écrire à ses parents en Angleterre et aux États-Unis, de pouvoir ensuite la redire au passé devant le tableau, pour la faire exploser telle une bombe en certains lieux déterminés.

Mon papa eut même une idée bizarre : le directeur n'estimait pas vraiment beaucoup la beauté de son épouse Irma, sinon il n'aurait pas proposé une somme aussi exorbitante, et il fut de nouveau pris d'une rage terrible contre Koralek.

Le professeur Nechleba peindra Irma – cher M. le directeur général – pour d'autres raisons. Son portrait passera à la postérité. Il exprimera la beauté et en même temps la souffrance de cette femme qui partage votre vie. Mme Irma devra porter sa robe bleu clair qui met en valeur ses yeux d'azur et le tableau sera encadré d'un lourd cadre doré.

À cette idée, papa se sentit soulagé et dit :

— Je vais aller lui demander, au professeur.

Et dès le lendemain, il partit rendre visite à Nechleba. Il monta le vaste escalier jusqu'à l'atelier, en songeant à quel point son monde deviendrait plus beau lorsque le portrait de Mme Irma verrait le jour. D'ailleurs, que Koralek soit son chef n'était pas non plus négligeable.

Mais en montant cet escalier, une seule idée commença à le tourmenter : Le professeur Nechleba serait-il capable de représenter la beauté de Mme Irma ? Sûr, il avait peint des présidents et des ministres, mais portraiturer une femme pareille, ce n'était pas du tout la même chose. Ses cheveux doux, ses yeux d'azur, ses lèvres pleines. Et s'il y parvenait, quel tableau !

Papa monta les dernières marches carrément en courant et il sonna vivement, comme si le professeur ne devait pas perdre une minute. La porte s'ouvrit et Nechleba apparut :

– Ah, c'est vous, mon garçon. Vous avez l'air bien pressé !

Et papa, tout remonté qu'il était par sa vision du plus beau tableau du professeur, savait qu'il ne pouvait pas s'exclamer tout à trac :

– Dépêchez-vous de me peindre Irma !

Il se contenta de dire en diplomate :

– Je viens vous rendre visite, professeur.

– Entrez donc et asseyez-vous.

Papa s'assit et regarda autour de lui. Le professeur avait pour modèle un monsieur barbu bizarre, lisant un journal à la clarté d'une lampe à pétrole. Le peintre travaillait lentement, en réfléchissant quelques instants à chaque coup de pinceau. Papa le regarda un peu faire, puis il examina à nouveau l'atelier. Il fut derechef captivé par les visages masculins qui semblaient défiler devant lui en une marche étrange, comme les apôtres sur une horloge de ville. Le premier l'air sombre, le deuxième souriant, le troisième faisant une grimace. À peine en regardait-il un, que celui-ci le fixait droit dans les yeux. C'était un jeu divertissant mais sans fin. Et soudain un frisson glacé parcourut papa des pieds à la tête. Mon Dieu, il n'y avait là aucun portrait de femme ! Il en attrapa une suée. S'il n'y a aucun portrait de femme… c'est que le professeur ne peint pas de femmes, le directeur Koralek le sait et voilà pourquoi il propose une telle somme. Dès ce moment, ce fut comme s'il était assis sur un coussin d'épines et les tableaux qui l'entouraient ne lui faisaient plus autant plaisir qu'auparavant. Dès que le professeur eut terminé, il lui demanda à brûle-pourpoint :

— Vous ne peignez pas de femmes ?

— Vous savez, mon petit bonhomme, je ne les apprécie pas tellement, vos bonnes femmes. Elles m'énervent terriblement. Quand elles posent pour se faire peindre, elles sont affreusement bavardes et quand elles se taisent, alors elles sont tout à fait fadasses.

— Et vous n'en peignez jamais, professeur ?

— Mais si, à peu près une fois par an. C'est Lucrèce que je préfère entre toutes.

Papa poussa un soupir de soulagement, tout espoir n'était donc pas perdu. La béatitude gagna à nouveau son âme. Une fois par an. Irma. Mais son âme de commercial lui fit comprendre qu'il ne pouvait pas en parler tout de suite comme il l'avait imaginé, il fallait qu'il prépare le terrain avec patience, à l'instar d'un jardinier installant ses plates-bandes. Et ce ne serait peut-être pas facile, ce serait plus difficile que de vendre dix réfrigérateurs. Il devait d'abord se renseigner sur cette Lucrèce, la comparer avec Irma. Et pour le moment il ne savait absolument rien sur Lucrèce, il avait honte de demander, il prit donc son congé.

— Revenez donc me voir, mon petit Popper, lui dit aimablement le professeur. Papa lui plaisait, il ne lui réclamait pas de tableaux ni d'argent pour les bonnes œuvres et donc le professeur se sentait incontestablement bien avec lui.

À sa surprise et à son grand bonheur, papa découvrit

que la noble dame Lucrèce avait hâté sa fin à l'aide d'un poignard planté dans son cœur. Le fait que Lucrèce ne puisse plus se mesurer à Mme Irma le rasséréna et il se permit de déclarer au directeur Koralek :

– Ça ira, mais il faudra du temps.

Après cela, papa vécut comme un pacha au sein de la maison Electrolux. Il était sans cesse invité chez le directeur à boire du café du Brésil et notre famille, y compris maman, était conviée à divers banquets. L'épisode du poulet fut vite oublié et Mme Irma ne cessait de lancer des sourires à papa. Les Koralek allèrent jusqu'à inviter papa et maman dans leur villa à Orechovka et, tandis que papa observait dans l'aquarium les scalaires rayés, et que dans une autre pièce M. Koralek demandait poliment à maman comment se portaient ses enfants, Mme Irma s'approcha de papa et lui dit tout bas :

– Quand le professeur Nechleba aura fait mon portrait, nous fêterons cela. En tête-à-tête.

Ces paroles infusèrent une énergie nouvelle dans les veines de papa, énergie qui faillit causer la ruine de notre famille. Au lieu de vendre les aspirateurs et de nourrir maman, ses trois fils et la Buick qui avait repris du service, il se rendait chez le professeur Nechleba, s'asseyait avec lui, passant des heures à le regarder travailler. Mon papa, qui naguère ignorait tout de l'existence même de la peinture à l'huile et d'un peintre en chair et en os, commençait à maîtriser la théorie des différentes techniques picturales et le professeur lui fit connaître toute une pléiade de peintres célèbres contemporains. Il connaissait le nombre de tableaux de Nechleba, se souvenait des vêtements de tel ou tel modèle et de son expression. Il savait que le professeur avait peint le rédacteur Boucek en 1909 et l'acteur Eduard Vojan deux ans plus tard. Il commençait aussi à s'y connaître en tapis persans et quand le professeur était occupé, il nourrissait à sa place le dogue Hélios, le chien Sam et les perroquets.

Mais notre maman, qui savait fort bien que tout cela était dû à Mme Irma, finit par perdre patience et elle déclara fermement à papa :

— Ton intérêt pour l'art n'a que trop duré. Tu cours à la catastrophe. Les enfants n'ont presque plus rien à manger.

Cependant papa n'arrivait pas à lâcher la chose. Pas du tout. Il était presque au but, il se préparait à faire au professeur une révélation de la plus haute importance. Et un jour d'hiver, alors que Prague semblait faite d'ouate sucrée, que le soleil brillait sur Hradcany, que le professeur était de fort bonne humeur et ne cessait de sucer son petit doigt, ce qu'il faisait avec délectation, papa prit son courage à deux mains :

— M. le professeur, voilà longtemps que je veux vous en parler, je connais la plus belle femme de Prague. Vous pourriez la peindre. Vous me feriez très plaisir.

Le professeur s'assombrit aussitôt :

— Je n'ai pas l'humeur à cela.

Mais il ajouta, voyant que de papa était devenu tout triste :

— Peut-être un peu plus tard.

Et ce fut tout.

À cette époque, le professeur peignait sa Lucrèce. Une femme aux cheveux noirs et au visage pâle, une femme qui ne pouvait parler et ne pouvait se défendre lorsque le professeur l'arrangeait à son idée. Elle était belle, mais d'une beauté inhumaine et papa le savait sans oser le dire au professeur, parce que le professeur aimait sans doute

Lucrèce justement parce qu'elle était morte, et certainement d'un autre amour que celui de papa pour maman ou celui qu'il vouait à Mme Irma.

L'hiver passa, puis le printemps, et papa n'était guère plus avancé. Mais il savait attendre, en bon pêcheur et en bon commercial.

Au début de l'été, le professeur fit cette déclaration prometteuse :

— Mon petit Popper, je vais peut-être la regarder, votre femme la plus belle du pays.

— Bientôt, M. le professeur ? répondit papa tout réjoui.

Il était maintenant dans une dèche absolue et aussi sur les rotules, à force d'apprécier des tableaux, des tapis persans, des chiens et des perroquets.

— Bientôt, dès que j'aurai terminé... Et il montra dévotement la nième version de Lucrèce, qui, pour changer, enfonçait cette fois-ci le poignard ornemental dans son sein du côté droit. Au bout de cette année, mon papa avait fini par détester Lucrèce. Mais à cet instant il lui pardonna tout, car la victoire était proche. Le professeur allait voir Irma et Lucrèce allait bel et bien mourir.

Au directeur général Koralek, qui s'impatientait d'entendre papa lui déclarer désespérément depuis un an :

— Ça va se faire. Confiance, M. le directeur —, papa vint annoncer cette fois-ci d'une voix victorieuse :

— Le professeur accepte de voir Mme Irma. Il examine tous ses sujets avant de les peindre.

Le directeur approuva avec enthousiasme et l'invita à déjeuner à l'hôtel Alcron.

Papa battit le fer tant qu'il était chaud. Il mit notre pauvre maman au courant de ses projets et lui promit que tout serait bientôt terminé. Il suffisait juste d'inviter le professeur Nechleba à la campagne où il ne pouvait sans doute jamais se rendre. On allait l'emmener à la pêche près de l'Éclaireur. Maman allait préparer de la viande, des gâteaux et des brioches.

Le professeur Nechleba accepta avec enthousiasme.

Nous partîmes dans la Buick avec Tonda Valenta. Nous prîmes nos quartiers dans l'auberge touristique À l'Éclaireur, papa et le professeur s'installèrent dans une tente tout au bord de la rivière Berounka. À cette époque, l'eau y était encore admirablement pure et poissonneuse, c'était le mois de juin, et en contre-bas des flots s'étendait sans doute la plus belle prairie fleurie que je connaisse. Le professeur qui avait visité Paris, Londres, Amsterdam, les galeries les plus rares du monde entier, n'était jamais venu à la campagne et le petit pré des Klabala le plongea dans le ravissement. Il sautillait à croupetons comme un gamin, il observait les sauterelles, les insectes et les petites fleurs en criant :

– Oh, mon petit Popper, c'est un miracle, cette beauté, la nature, c'est comme du vrai kitsch.

Et papa opinait énergiquement du bonnet, il arrangeait les cannes à pêche tout en priant intérieurement pour que le ciel se couvre durant la nuit, car un ciel dépourvu d'étoiles et de lune garantissait que les poissons allaient mordre comme des possédés, et l'enthousiasme du professeur irait croissant pour culminer le lendemain avec cette déclaration :

– Allez, amenez-moi donc cette dame.

Mon papa avait fait une chose qui violait toutes les règles de la pêche et qu'il ne s'était jamais permise auparavant. Il avait emprunté une vingtaine de cannes à ses amis pêcheurs et les avait piquées tout le long de la rive.

Au bout de chaque scion, il avait accroché, comme sur un arbre de Noël, un petit grelot qui allait tinter lorsque le poisson mordrait.

Il installa le professeur sur un coussin décoré devant la tente et maman lui apporta de la soupe aux tripes, des rognons de veau, du jambon chaud, des brioches, des gâteaux à la confiture et de la bière. Le professeur fit un baisemain à notre maman et il fallut attendre une bonne trentaine d'années pour qu'il avoue enfin à papa qu'elle lui avait tellement tapé dans l'œil qu'il aurait voulu lui demander la permission de la peindre, mais il n'avait pas osé l'en informer.

Puis vint le soir, un soir comme les bons pêcheurs les aiment. Doux, tiède, on aurait presque pu le couper en tranches et l'emporter dans son havresac. Le Dieu au ciel des Juifs avait dû entendre la prière de papa, une nuit noire avait recouvert les berges de la rivière et le professeur était là, assis sur son coussin à sucer son doigt avec délectation. Et soudain, dans ce silence divin – dring! dring! Le professeur dit :

– Mon petit Popper, il y a quelqu'un qui sonne.

– Je n'entends rien, M. le professeur, répondit papa en faisant le naïf.

– Ne me racontez pas d'histoires. J'ai des oreilles de chouette.

– Vous avez raison, allons, venez vite!

Et papa l'amena droit vers une canne qui se balançait en tintant au-dessus de l'eau. Le professeur attrapa la canne, il tira et sortit un barbeau combatif, long comme le bras. Il brillait dans l'herbe d'un éclat argenté, comme si la lune elle-même était tombée du ciel. Le professeur, qui n'avait jamais de sa vie vaincu un être vivant, sentit en lui l'ardeur et l'émotion de ses lointains ancêtres chasseurs et il y succomba. Cette nuit-là, tous ses amis de la rivière vinrent sans doute aider papa : barbeaux musculeux, anguilles serpentiformes, chevaines rusés, tous approchaient des cannes d'emprunt, ils gobaient les vers de terre et les appâts de poissons et faisaient tinter les grelots comme pendant la communion. Et dans ce concert, le professeur courait d'un bout à l'autre de la berge et papa le servait, comme au tir à la carabine dans une fête foraine, il accrochait les appâts à l'hameçon, décrochait les poissons et tous deux étaient heureux.

Au matin arriva maman, le professeur lui sourit de nouveau d'un air séducteur, elle avait encore apporté de la soupe de tripes, du jambon chaud, des brioches, des gâteaux à la confiture et du café noir.

Après cette nuit magique, le lundi, le professeur ne pouvait que prononcer cette phrase tant attendue :

— Alors amenez-moi cette dame, que je la voie.

Papa en devint comme fou. Il prit aussitôt un taxi, il se présenta chez le directeur général, ordonna que Mme Irma enfile illico cette robe bleue, le directeur prit sa voiture américaine pour se rendre à Orechovka et aller chercher Mme Irma, qui mit une heure à s'habiller puis alla se faire coiffer chez le coiffeur Pohl, lauréat de la République. Entre-temps papa rentra à la maison, il mit son plus beau costume en tissu anglais et alla lui aussi se faire coiffer chez M. Weber du passage Alfa.

Il vivait son jour de gloire.

À deux heures de l'après-midi, la voiture américaine du directeur général se présenta aux portes de la fameuse maison Electrolux. Papa, l'allure et la physionomie d'un diplomate anglais, et Mme Irma vêtue de sa robe d'azur et de chaussures en peau de serpent s'avancèrent. Papa ne pouvait la quitter des yeux.

Le chauffeur ouvrit la portière arrière et le directeur général Koralek leur fit ses adieux, comme s'ils partaient en voyage de noces. En chemin, papa tenta de prendre la main de Mme Irma, mais elle lui dit :

— Seulement après, mon cher.

Ils sortirent de voiture et montèrent l'escalier jusqu'à l'atelier. Mme Irma avançait lentement, toute pâle, et papa l'encourageait avec des sourires. Il sonna à la porte de l'atelier, pendant longtemps personne ne vint. Il sonna à nouveau et le professeur apparut. Il vit papa, se souvint encore de cette belle prairie et de cette nuit magique et il gazouilla :

— C'est vous, mon petit Popper ?

Puis il vit Mme Irma et se remémora sa promesse.

— Et là, vous m'amenez cette dame.

Papa s'attendait à ce que le professeur les invite à entrer, mais ce ne fut pas le cas. Le professeur examina la dame encore et encore, il scrutait son visage comme s'il n'en croyait pas ses yeux. Et soudain il murmura presque :

— Madame, tournez-vous. Je vais encore vous regarder de l'autre côté.

Elle se retourna, son derrière arrondi, se tendant sur des jambes potelées au-dessus des escarpins en serpent à hauts talons, se présenta dans toute sa splendeur. Avec sa magnifique coiffure toute faite de bouclettes, elle faisait penser à un papillon chamarré qui s'apprête à s'envoler et disparaître dans l'escalier sombre de l'ennuyeuse académie.

Puis on entendit quelque chose exploser comme une bombe, on aurait dit le cri d'un enfant buté :

— Je ne peindrai pas une dame pareille ! À aucun prix ! Non, non et non !

Mme Irma en pleurs, soutenue par mon papa, descendit l'escalier jusqu'à la voiture américaine de marque Ford garée devant le palais de l'art.

Dans la voiture, le rêve tant attendu de papa se réalisa. Il tenait Mme Irma dans ses bras. Mais c'était tout le contraire de ce qu'il avait imaginé. Elle pleurait à chaudes larmes et lui, la réconfortait. Il sentait ses seins élastiques contre son torse, il touchait ses cheveux fins, lui caressait les épaules, ses larmes lui coulaient sur les mains. Mais ce fut la première et la dernière fois qu'il la tint ainsi. Dès qu'elle eut repris ses esprits, elle ne voulut plus voir mon père en peinture et elle se souvint comment il avait mangé son poulet avec les doigts. Elle raconta partout que cela ne la surprenait pas, car elle savait depuis longtemps que penser du niveau intellectuel de papa, et ce précieux professeur Nechleba avait la même opinion, il ne supportait pas papa et c'est pour cela qu'il ne l'avait pas acceptée. Je préférerais passer sous silence ce que fit le directeur Koralek. Il voulut tuer papa à coups de fusil car il avait depuis longtemps annoncé à tous ses parents et amis d'Europe et des États-Unis que le professeur Nechleba faisait le portrait de sa femme. Bref, entre notre famille et celle du directeur général Koralek ce fut la guerre, pour parler en termes militaires, et la seule chose qui préserva papa d'être mis à la porte fut qu'il avait été champion du monde l'année précédente. Papa continua longtemps à souffrir de son amour malheureux pour Mme Irma, avec sans doute comme seule consolation le fait de l'avoir tenue dans ses bras au moins une fois dans sa vie.

La plus contente de tous, c'était maman. Elle avait eu raison, papa ne pouvait pas gravir l'Everest. Et notre garde-manger recommença à se remplir, notre niveau de vie s'améliora. Papa laissa tomber les tableaux, les tapis persans, les chiens et les perroquets, il se consacra à son domaine, celui où il excellait : les aspirateurs à poussière et les réfrigérateurs.

Un autre homme heureux était le professeur Nechleba. Il s'était remis à peindre sa Lucrèce. Un jour, quelques années plus tard, papa vint le voir et lui dit à quel point il la trouvait belle, et le professeur, tout joyeux, la lui donna. Pendant la guerre, un SS soûl, blond aux yeux bleus, l'arracha de notre mur et la fendit d'un coup de poignard, la tuant somme toute pour la deuxième fois. Ce jour-là papa en eut les larmes aux yeux car il avait depuis longtemps oublié Mme Irma et il était secrètement amoureux de Lucrèce.

LE CONCERT

×

Tout pêcheur, fille ou un garçon, se doit de commencer à fréquenter les poissons dans son enfance, de se faire initier aux mystères de la pêche par son père, son oncle ou quelque batelier. Pour nous, ce fut le passeur Karel Prosek, de Luh sous Branov, un homme qui devint avec le temps pour ainsi dire notre oncle. Il apprit à pêcher à mes frères Hugo, Jirka et à moi-même, mais aussi à notre génial papa. L'oncle Prosek avait dû naître dans la Berounka comme les ondins et arriver à Luh un jour de déluge. Il avait une magnifique moustache de dragon, une voix sonore, une belle silhouette. Il savait absolument tout faire. Labourer et semer, traire les vaches, faire de la cuisine de charbonnier, trouver cèpes ou bolets à une saison où il n'en pousse pas, faire passer les gens sur l'autre rive de la rivière en crue, tresser des paniers, chasser le chevreuil, sauver les gens et les bêtes transis de froid, casser la gueule aux imbéciles ; il savait rire. Il lui était arrivé, pendant les grandes eaux, de faire traverser la rivière à la sage-femme Mme Frybertova avec son indispensable valisette. Et il s'y connaissait aussi dans l'art de la pêche. Les nuits de pleine lune, il dardait les poissons depuis son bateau avec une fourche spéciale nommée foëne, il les piégeait avec des nasses, posait des lignes de fond ou faisait semblant de les pêcher avec une canne, comme un monsieur. Ça, c'était encore du temps de la vieille Autriche lorsque le château de Krivoklat était occupé par le prince Max Egon Fürstenberg qui mangeait du goulasch *à la feu-follet* et buvait de la bière de Rakovnik. En tant que meilleur pêcheur de la région, Prosek avait reçu de lui l'autorisation de se servir dans toute la rivière et en employant toutes les techniques. Il avait pour seule obligation de livrer au château les anguilles, dont la chair était comme de la fleur de lotus. Sa femme Karolina lui avait confectionné un sac spécial en toile de Vichy dans lequel il transportait les anguilles vivantes en suivant la Berounka jusqu'au château. Le portail s'ouvrait tout seul devant lui comme devant un chevalier. Il plongeait les poissons dans un grand tonneau d'eau, en bois calfaté à la poix, et recevait parfois une pièce d'or. Celle-ci, à l'effigie de l'empereur, ressemblait à un soleil. Une fois le comte parti avec son carrosse à l'étranger, au-delà des proverbiales quatre rivières et quatre collines, Prosek se vit interdire toutes les façons de pêcher sauf la pêche à la ligne : on lui dit que cela suffisait bien. Prosek avait une longue canne en bambou jaune. Une ligne sans moulinet. Il avançait à contre-courant pour ne pas se faire repérer des poissons, en faisant parfois claquer sa ligne et ses moustaches de dragon – il appelait cette technique « pêcher à la cravache ». C'est à cette époque que nous sommes arrivés par là avec notre voiture. Mon père Leo, ma mère Herma, mes frères Hugo et Jiri, et moi. C'était toute notre famille. Nous observions Prosek depuis les aulnes de l'autre rive. Il se déplaçait sur les pierres glissantes comme une loutre en chasse. Le bouchon s'envolait vers des endroits précisément déterminés. Et les poissons ? On aurait dit qu'ils sautaient hors de l'eau de par leur propre volonté. Des chevaines argentés, avec la nageoire rouge près de l'anus qui leur sert de gouvernail, et le barbeau élégant avec ses moustaches. Les gardons ventrus des eaux calmes et les vandoises des courants rapides. Ils glissaient dans l'épuisette, c'en était fini de leur liberté, leur maître, le roi des braconniers, était arrivé. Papa s'écria avec enthousiasme :

— Herma, quel concert ! On dirait du Kubelik !

Et aussitôt dans ma tête apparurent le long des berges des rangées de sièges, avec des messieurs en pantalons de golf anglais à carreaux et des dames en crinolines roses. Ils soupiraient et applaudissaient à chaque poisson : *messieurs, mesdames*, ça c'est de l'art. Prosek attrapa le dernier poisson dans son épuisette qui était pleine à ras bord, il alluma une cibiche et s'inclina. Les tribunes disparurent et lui traversa à gué la rivière aux eaux basses jusqu'à papa. Entre eux, ce fut une amitié immédiate parce que papa était lui aussi un sacré type. Il savait casser la gueule aux idiots, tout comme Prosek. Et ce qu'il ne savait pas faire, Prosek le lui apprit. Prosek le rustre était du goût de papa, qui avait passé sa vie à dire que les gens raffinés ne valaient pas un pet. Il se mit d'accord avec Prosek : désormais, nos vacances auraient lieu dans sa maison de passeur et nulle part ailleurs.

LE BROCHET NOIR
×

Je devais avoir à peu près six ans. Les frangins ne faisaient pas trop cas de ma compagnie. Je n'étais pas digne d'eux. Je regardais leurs réjouissances de loin. La plupart du temps, je me contentais de sucer mon pouce sur les rives de la Berounka. Hugo et Jirka aimaient tout particulièrement se rendre dans une petite île où ils prenaient les poissons à la main parmi les herbes vertes. Hugo était beau et fin, Jirka un gaillard et un voyou bagarreur. L'île était couverte d'herbes aquatiques vertes, longues, d'une beauté magique, qui faisaient penser à la chevelure dénouée d'Oskar, l'ondin de la rivière. Ces cheveux flottaient au gré du courant, comme s'il gisait là, noyé dans les sables jaunes. Parfois ces herbes portaient des fleurs, je ne me souviens plus de leur couleur, peut-être d'un blanc rosé, comme des mariées. L'eau était peu profonde et dans les herbes des insectes paissaient comme dans une prairie. Les barbeaux et les autres poissons arrivaient là, happaient les aselles et les corises en poussant des grognements de gorets. À ce moment arrivaient mes frangins en short et ils tâtaient les herbes jusqu'à effleurer le corps froid des poissons. La proie s'immobilisait puis s'élançait pour fuir, le frangin reprenait ses sens et lui sautait dessus, il ratait, l'eau éclaboussait, le frangin criait. Comme dans un rodéo. Une fois, mes frères découvrirent parmi les herbes un énorme poisson, ils avaient d'abord cru que c'était un tronc de bois flotté. Mais c'était un brochet noir qui avait suivi la blanchaille et était resté coincé. Quand il s'élançait, on aurait dit une torpille. L'eau giclait de tous côtés. Hugo s'écria :

— Arrête de zieuter et viens nous donner un coup de main !

Tout à coup, je leur étais utile. Mais je n'avais pas envie d'y aller. Je m'avançai lentement parmi les herbes. Le brochet faisait des zigzags, il arriva devant moi et s'arrêta. Je le voyais respirer, me fixer de ses yeux cruels, la gueule dentue entrouverte. (Il veut me bouffer.) Les larmes me montèrent aux yeux. Il prit son élan. Fit un bond. Franchit le haut-fond et disparut dans les profondeurs. Jirka me dit :

— Imbécile ! Il était à ta portée. Il n'y avait qu'à le serrer à la gorge !

En réalité nous étions tous trois soulagés de le voir parti. Les frangins ne l'avaient pas touché non plus. Et c'était comme si cet épisode était un présage, comme si l'énorme brochet avait été notre Parque. L'un d'entre nous prendrait-il un jour un vrai gros poisson ? Peut-être cela nous serait-il refusé, parce que nous avions manqué de courage ce jour-là.

MON PREMIER POISSON
×

Prosek était de bonne humeur. Il s'en revenait de l'auberge Annamo en fredonnant des chansons militaires dont il connaissait un grand nombre, il avait fait la guerre de Serbie. Il conservait un éclat d'obus dans son flanc, on n'avait pas pu le lui retirer, mais cela ne le dérangeait plus dès qu'il avait bu quelques verres de gnôle. En arrivant jusqu'à nous avec son bateau, il embrassa son chien-loup Holan sur le museau et s'assit sous son acacia parfumé. Ce jour-là, je me tenais sur le ponton. Une fois de plus mes frères ne m'avaient pas pris avec eux, ils préféraient emmener une fille, Dacha, la fille de Béda Peroutka qui me méprisait beaucoup. Le tonton me regarda de ses yeux verts :

— Viens voir par ici, mon cucul.

Je l'ai rejoint à petits pas, il ne m'aimait pas beaucoup. Son préféré, c'était Jirka, un voyou selon son cœur. Moi j'étais le plus jeune, le petit chouchou. Prosek me scruta du regard, tira de sa poche crasseuse un cornichon au vinaigre :

— Tiens, c'est pour toi.

J'ai sorti mon pouce de ma bouche et j'y ai fourré le cornichon. Il m'observait. Puis il tira une flasque et m'ordonna :

— Rince-toi la dalle.

Elle était déjà vide. Mais je pris un air extatique. L'alcool inexistant nous avait rapprochés. Il se mit debout et me fit signe de le suivre dans la grange. Il prit une longue baguette de noisetier et dit :

– Je vais te faire une canne à pêche. Voilà longtemps que je la garde pour toi.

Il tira de sa poche un couteau aiguisé – et zig par-ci, et zag par-là – moi je fixais ses mains fatiguées, avec un doigt en moins qu'il s'était lui-même coupé en récoltant des brins d'osier à paniers. Je voyais son visage crispé par la douleur, l'éclat dans son flanc se faisait de nouveau sentir. Mais il était à court d'alcool sédatif. Il termina la canne. Je ne savais pas alors que ce serait la plus précieuse de mes cannes à pêche, je le sais aujourd'hui. La canne de mon enfance, celle à laquelle les produits ultérieurs des usines américaines ou japonaises n'arriveraient jamais à la cheville. Il y attacha une ligne, fixa un bouchon en plume d'oie et un hameçon. Puis il dit :

– Du côté de l'île il y a des perches solitaires. Vas-y, mon cucul, brosse-leur la crinière et montre-leur de quel bois tu te chauffes. Je t'attends ici.

Il se roula en boule, Holan posa la tête sur son ventre. Je suivis le sentier jusqu'à l'île. C'était avant midi, il y avait un beau soleil. J'accrochai un ver de terre et je lançai ma ligne. Rien ne mordait, seules des libellules bleutées se posaient sur les nénuphars jaunes, et quelque part dans l'anse de la rivière, des chevaines se régalaient en faisant des bruits de succion. La plume blanche flottait à la surface de l'eau comme un navire blanc encalminé. En esprit, je hissais les voiles et j'ordonnais au capitaine de naviguer, de se faire haler par un poisson chamarré. Mais le bouchon restait immobile, mes paupières s'alourdissaient, je n'arrivais que par moments à entrouvrir un œil pour voir si mon navire blanc se mettait enfin à avancer.

Soudain le bouchon s'agita et un rond se dessina autour de lui. Et encore, et encore, comme une série de signaux venus des profondeurs infinies. Quelqu'un s'amusait à faire joujou avec mon navire, comme si on essayait de lancer un moteur à l'aide d'une courroie de cuir. Pas un voilier, donc, mais un bateau blanc à moteur. Puis la plume se renversa, la tête en bas et les jambes en l'air, comme un canard à moitié sous l'eau. Là, j'avais attrapé la canne et je la serrais à deux mains de toutes mes forces. C'était sûrement cette fameuse perche à crinière, de celles qui vivent en solitaire. Entre temps, la plume avait fait plouf et disparu dans les profondeurs. Mais on la voyait sous la surface filer du côté des nénuphars. Je ferrai le poisson. La canne s'arqua et pour la première fois de ma vie je sentis le bonheur d'avoir une prise au bout de ma ligne. Après une lutte formidable d'un côté et de l'autre, une gueule hérissée apparut. C'était une perche, de la grosseur d'une casquette rouge à carreaux, mais elle était verte, d'un vert olivacé, rayé de couleur sombre. Elle déployait ses nageoires rouges, comme les drapeaux dans une bataille ; elle avait un dos de taureau. À la place des yeux, des piécettes d'or vif. Des lances hérissées se dressaient sur son dos. Ce n'était pas un poisson, c'était un dragon, un chevalier en cuirasse avec un casque au plumet rouge. Je le tirai jusqu'à l'herbe et je me couchai dessus pour l'empêcher de se sauver. Nous étions deux gamins en train de lutter. Puis je l'emportai en grande pompe jusqu'au ponton. Ses lances me transpercèrent et du sang coula un peu de mes doigts. Je me disais qu'à partir de maintenant, le tonton Prosek m'aimerait autant que Jirka. Prosek était déjà installé sur son banc et il buvait son vermouth de chèvre, du lait, pour soigner sa gueule de bois. Il me complimenta :

— Tu es un vrai champion.

Il dépouilla la perche et cloua la tête avec la peau sur la porte de la grange. Pour montrer à tout le monde qu'un nouveau pêcheur était né à Luh sous Branov. Je m'appropriai le tabouret à traire et je m'asseyais des jours entiers sous le trophée. Lorsque quelqu'un arrivait sur le ponton, je toussais et je me mouchais pour attirer l'attention sur la perche. Je récoltai une grande gloire. Même Dacha, la fille de Béda Peroutka vint me voir. Elle me fit un baiser sur la joue et dit :

— Tu es un vrai crack.

Mais une certaine nuit, mon trophée disparut sans laisser de trace. Peut-être avait-il été dévoré par la chatte Andelka. Mais je crois plutôt que Prosek, mon oncle adoré, l'avait retiré de la porte. Il en avait par-dessus la tête de ma vantardise et il recommençait à me trouver insupportable.

DUEL
POUR DES BROCHETS
×

Mes frères m'avaient enfin admis dans leur bande. Nous attrapions des appâts, de petits poissons au nom officiel de goujon des rochers. Mais nous les appelions « escalopes », comme les escalopes viennoises. Il s'agit d'un joli poisson avec deux barbillons bleutés, et marbré, on dirait presque de la pierre. Le Bon Dieu s'en est donné à cœur joie en le fabriquant. Mais c'est un poisson bête et confiant. Pour l'attraper, nous faisions tourbillonner le sable et la vase de la rivière avec nos pieds. Les goujons cherchaient leur nourriture dans cette eau trouble. Ils trouvaient une ligne avec un petit ver de terre. Ils le gobaient comme le ferait une poule, ils tiraient sur le bouchon, nous les ferrions et voilà les petites escalopes au grand jour. Parfois ils venaient jusqu'à nos pieds et nous picoraient les orteils. Pique, pique, pique. Tout en pêchant, nous nous baignions les pieds dans l'eau froide. Nous mettions cette blanchaille dans des boîtes de conserve, et papa et l'oncle Prosek s'en servaient comme appât pour la pêche aux brochets et aux autres cannibales aquatiques. Mais à cette époque il n'y avait pas assez d'escalopes dans la rivière. L'oncle Prosek découvrit que depuis quelque temps les brochets appréciaient aussi les perches. Ils avaient compris que, malgré ses piquants, la perche avait une chair délectable. Les perches s'étaient donc retrouvées au menu des brochets et personne n'en avait rien su. À cette époque un typographe de Zizkov, Béda Peroutka, venait dans la région dans sa vieille bagnole, en emmenant sa femme Vlasta. C'était un fan du club de foot Viktoria Zizkov. Il devint vite ami avec papa. Pour Noël, ils échangeaient des pots de chambre peints, remplis de salade de pommes de terre. Ils étaient jeunes tous les deux. Quand on revenait à Prague depuis Krivoklat, des brochets pendaient à l'extérieur des décapotables et derrière les voitures tressautaient des casseroles et des seaux. La vitesse n'était pas le plus important. En route, les équipages échangeaient des slogans et surtout des mots orduriers. Les femmes ne rougissaient plus, car c'était devenu habituel. À Krivoklat, papa devait s'écrier :

– Voilà le confiseur Holub ! Et la voiture suivante laissait entendre le cri joyeux de Peroutka :

– Alors va lui baiser la croupe !

Si papa oubliait sa formule, Peroutka était ensuite de mauvaise humeur toute une journée et toute une nuit. Un beau jour, à Luh, Béda décida de donner une leçon de pêche à papa et à Prosek et il se rendit avec Frantisek Pavlicek, le champion de pêche local, au Rocher du Diable pour taquiner le brochet. Ce rocher portait son nom parce qu'on disait qu'un jour un chasseur était passé par là, il avait dans la poche une fiole de gnôle de la marque Diable, il a buté dans le rocher, le Diable est tombé, il s'est renversé et depuis ce temps, ce nom de Rocher du Diable est resté. Une autre version, moins alcoolisée, raconte que le diable devait construire un pont sur la Berounka en une nuit pour enlever la fille du pêcheur. Mais il n'y est pas arrivé avant le chant du coq à l'aube, et il est resté bredouille. Ensuite il n'a plus quitté ce rocher. Depuis toujours, des brochets vivaient dans les profondeurs en contre-bas. Lorsque papa apprit la manigance, lui et Prosek prirent des perches belles comme des images et partirent en bateau à contre-courant, vers l'île, et vers Brtva encore au-delà, où il y avait des trous d'eau profonde à brochets. Ils en prirent de gros. Et il y en avait paraît-il même un, de ces brochets, qui avait sauté hors de l'eau pour attraper la petite perche avant qu'elle ne touche la surface, tellement il avait d'appétit. Ils revinrent un peu avant Béda. De l'autre côté de la rivière, Béda se planta là, les jambes écartées, tenant au-dessus de la tête un brochet de deux kilos et criant :

— Voilà une prise hors pair !

Et papa de répondre :

— Viens voir un peu de l'autre côté, espèce de con !

Quand Béda eut traversé, il le prit par la main et l'amena vers le vivier. On y voyait passer les dos vert sombre de trois gros brochets. Béda s'aspergea rapidement d'eau pour ne pas s'évanouir et tomber la tête la première dans la rivière. Il se contenta de murmurer d'une voix éraillée :

— Vous êtes des fils de pute, vous avez réussi à nous doubler.

Le soir, sous l'acacia, papa lui révéla le secret des perches et lui indiqua où il devait aller pêcher le brochet le lendemain matin. Car l'acacia avait ce pouvoir de faire dire la vérité à tout homme qui se trouvait en-dessous. Même à un pêcheur.

SOUS LE ROCHER DES SIMA
×

Le temps passait. Je reçus mon premier moulinet à tambour et je rentrais maintenant ma chemisette dans mon pantalon. Papa nous avait acheté un ballon de foot anglais, le même que celui d'Arsenal à Londres, cette équipe de célèbres artilleurs. Avec ce ballon, nous avions joué bien des matchs et livré bien des batailles sur la placette, au point qu'un jour un tir des garçons me démit un doigt et l'oncle Prosek dut le remettre en place en tirant dessus d'un coup sec. La rivière continuait à être poissonneuse. Maman panait les poissons avec de la chapelure et les passait à la poêle à frire, avant de les faire mariner au vinaigre en interposant des tranches d'oignons. On conservait ces poissons dans une cuve en pierre dans la cave froide sous le coteau. Du nanan. Quand quelqu'un tombait malade au village, il venait chez nous chercher des poissons marinés. Et les gens en bonne santé venaient aussi. Mais les visiteurs les plus fréquents avaient la gueule de bois. Les poissons marinaient dans la cuve du printemps jusqu'à l'automne, ils s'affinaient avec le temps, et les arêtes se désagrégeaient. Ils étaient froids par temps de grande chaleur, tièdes en hiver. Les réjouissances ne connaissaient pas de fin, comme si toute la vie était un carnaval.

Au-dessus du déversoir de la rivière, se dressait dans la rivière un grand rocher rougeâtre, de marne, qu'on appelait le Rocher des Sima. Sans doute parce que de nombreux Sima vivaient au village. Quand nous passions près de ce rocher, nous chantions ce refrain : *Sous le Rocher des Sima, y'avait deux poivrots, z'avaient pas de boulot, i'jouaient de la guitare. Tralalala, tralalala, tralalala, boum, boum, boum !* Le soir, nous passions près du rocher pour aller sous le déversoir pêcher le barbeau. L'oncle Prosek avec son chapeau de paille ouvrait la marche, puis venait papa avec sa crinière de cheveux, puis Hugo, Jirka et moi. Nous portions nos longues cannes, elles arrivaient jusqu'aux étoiles qui naissaient dans le ciel. Peut-être aurait-on pu allumer une étoile avec ces cannes, comme on allumait les lampes à gaz dans la Vieille Ville de Prague. Le ciel était bleu, l'eau dévalait le seuil au-dessous de nous. Cela bruissait et des remous blancs se formaient en contre-bas. De l'autre côté, le moulin de Nezabudice terminait son travail du jour. Au milieu, une grande étoile blanche brillait : la fenêtre du meunier Cech. Et au-dessus de tout cela se déployait la voûte céleste avec ses espaces infinis. Prosek se tourna vers nous :

– Ici, ça va aller.

Nous étions arrivés à l'endroit où il y avait du courant, là où l'eau avait assez de pente et où les barbeaux aimaient se cacher. Ce sont les plus forts et les plus vigoureux de tous les poissons. Ils nagent toujours vers l'amont, ils vivent presque tout le temps dans le courant et ils sont donc puissants et résistants. De leur museau, ils retournent les pierres sous lesquelles ils cherchent des écrevisses et de petits insectes à manger. Ils ont des nageoires robustes et un corps cylindrique, on dirait des avions supersoniques. Nous installions nos quartiers. À la place des lignes, nous montions sur nos cannes de longs fils de laiton qui tranchaient l'eau vive comme un rasoir. Nous y accrochions de gros lombrics, nous nous asseyions dans l'herbe tendre et nous attendions, tenant nos cannes. L'oncle était le premier à prendre son barbeau. Il se débattait dans l'herbe, agitait ses quatre barbillons, poussait des espèces de petits sifflements comme s'il se lamentait, et n'était visiblement pas content. Ensuite ce fut mon tour d'avoir une touche. Le barbeau vint d'abord effleurer la ligne, on aurait dit un appel venu des profondeurs incommensurables de la rivière. Puis je sentis une résistance, comme si la soie s'était prise dans quelque chose, de l'herbe flottante par exemple. Je ferrai. Le barbeau était accroché au bout de la ligne. Son corps apparut à la surface au moment même où la lune venait tout éclairer. On aurait dit de l'argent fondu, ou une aiguière en étain comme celle qui sert à verser le vin des vignes royales. Un poisson résistant. Il défendait chèrement sa vie, il voulait toujours revenir dans le courant. Il se jetait dans l'eau la plus vive comme certains hommes courageux qui veulent toujours entrer dans la mer. La ligne était comme en acier. Nous luttions centimètre à centimètre. Il finit par se rendre, parce que les forces étaient inégales. Lorsque je l'amenai hors de l'eau et le posai dans l'herbe pleine de rosée, je le caressai comme j'aurais fait pour un chien ou un chat. Mais son corps était étranger, froid, un corps de poisson. Puis je lui transperçai vite la tête avec un couteau parce que même les êtres courageux paient parfois leurs erreurs de leur vie. Je le tuai parce que j'avais vu l'oncle Prosek et papa le faire, et eux l'avaient vu chez leurs aînés. Les nageoires puissantes retombèrent et le corps argenté aux allures de merveilleux long-courrier céleste perdit tout son éclat.

AVEC PAPA
AU FESTIN DES ANGUILLES

×

Mon génial papa me recruta un jour pour poser des lignes de fond. Il avait élaboré un plan brillant, et surtout audacieux, qui lui permettrait de prendre des anguilles à coup sûr. Nous allions mettre nos lignes dans le courant en contre-bas de la prairie, en eau profonde. Il s'agissait d'appâter dans les endroits par où les anguilles montent à contre-courant et leur servir, disait papa, un festin auquel elles ne pourraient pas résister. On aurait tellement d'anguilles qu'on pourrait les donner au charcutier pour les faire fumer. Papa me dit :

— L'anguille fumée, c'est ce qu'il y a de meilleur. On peut en manger à longueur d'année.

Papa disait aussi qu'il fallait attendre le bon moment. Quand la lune aurait disparu, que le ciel serait couvert et les étoiles endormies. Et aussi quand la rivière aurait un peu monté et serait devenue trouble, juste un peu. En attendant nous faisions des préparatifs enfiévrés. Nous avions taillé en pièces deux cordes à linge toutes neuves et affûté les pointes des hameçons à la lime pour qu'ils s'enfoncent sans faillir dans la gueule des anguilles. Nous nous étions munis d'appâts. Dans le ruisseau, nous avions pris de très jolis petits poissons, des vairons. Les mâles de cette espèce ont des lèvres rouge-sang et leur corps est marbré de vert émeraude et de noir de velours.

On dirait des poissons d'aquarium. Nous avions décidé de servir aux anguilles un festin exceptionnel, quelque chose qu'on ne trouve pas dans la rivière. Aux dires de papa, les anguilles allaient se caguer dessus de bonheur. À Luh, nous avions attaqué à la bêche le jardin de l'oncle Prosek et nous l'avions presque saccagé pour avoir quelques gros lombrics. Nous étions donc parfaitement prêts et équipés.

Une pluie drue s'était mise à tomber et papa se frottait les mains. Dans les champs et les prés, l'eau tombée s'était souillée, elle emportait vers la rivière des vers de terre noyés, des sauterelles trempées et des pucerons gonflés de liquide. Les poissons attendaient déjà tout cela et s'empiffraient à qui mieux mieux. La rivière se troubla, les premières turbidités apparurent le long des berges. Ce jour-là, quelqu'un était venu rendre visite au passeur, il était trempé et se réchauffait près du poêle, papa ne voulait pas engager la conversation et me faisait juste un clin d'œil de temps en temps pour me dire que le bon moment arrivait. Nous nous sommes esquivés à la nuit tombée. Des bottes aux pieds, des imperméables en caoutchouc sur le dos, l'espoir au cœur. Nous nous dirigions vers l'amont, sur un sentier plutôt fait pour des chamois que pour l'espèce humaine, à une dizaine de mètres au-dessus de la rivière. Je ne sais pas combien de temps nous avons marché, mais c'était atroce. Des pierres glissantes, des à-pics profonds, des branches qui vous fouettaient le visage et la pluie battante. Je commençais à enrager contre papa qui se retournait de temps en temps en marmonnant :

– C'est le moment rêvé.

Ce pré se trouve loin même en plein jour, tous les habitants de Luh peuvent vous le confirmer, tout comme ceux de Vlkovice et de Pavlickovice. Je ne comprenais pas pourquoi nous n'avions pas posé les lignes tout près du passage du bac, puisque personne ne se serait aventuré vers la rivière par une telle intempérie. C'était à cause de papa, il voulait des eaux profondes et du courant. Après une longue marche nous sommes arrivés au pré en question. Papa a posé la boîte avec les vairons et sorti la ligne de son sac à dos. Il s'est tourné vers moi et a répété :

— Une nuit magnifique, on va leur en donner à leur faire péter la panse.

Il était en proie à la vraie ardeur, la passion du braconnage. Il montait les appâts en alternance. Un ver de terre, un poisson, un ver de terre. Il ne s'occupait pas de moi, il m'ignorait totalement. J'étais là à trembler de froid, j'aurais bien envoyé au diable toutes les anguilles de la terre. À plus forte raison les anguilles fumées. Papa termina son montage et m'ordonna :

— Déshabille-toi !

Je me suis dévêtu et je regardais la rivière. Je la voyais monter aux bords, sous la clarté de la lune. Je voyais les tiges des herbes qui se balançaient et retombaient dans l'eau, je voyais les brins qui se courbaient, s'inclinaient et filaient vers l'aval, emportés par le courant. En ôtant mon pantalon, j'ai dit tout bas :

— Papa, l'eau est en train de monter.

Je ne sais pas s'il m'a entendu, mais il n'a pas du tout réagi à mes mots. Je me tenais sur la berge, nu comme au jour de ma naissance et Dieu sait pourquoi je me cachais le sexe. Papa a dit :

— Prends cette ligne et avance-toi dans l'eau. Quand elle sera tendue, laisse tomber la pierre.

Je me tenais là, immobile. J'entendais la rivière gronder au milieu du lit. La peur m'a saisi. Je restais là comme un baudet qu'on oblige à aller où il n'a pas envie. Mais je n'avais pas la force de dire que je n'irais pas. Papa dit :

— Vas-y et n'aie pas peur. Tu es mon fils. Tu tiens de moi.

J'ai pris la pierre et je l'ai regardé. Visiblement, il avait peur lui aussi, mais il regrettait sa mise de fond perdue. Car nous nous étions donné du mal pour pêcher les vairons, nous avions failli détruire le jardin des Prosek et nous avions mis en pièces deux cordes à linge. Il n'arrêtait pas de parler des anguilles, il ne voulait pas laisser tomber. Et surtout, il ne voulait pas reconnaître que nous étions arrivés trop tard, quand l'eau était déjà très haute.

J'ai mis un pied dans l'eau. La première sensation n'était pas défavorable. L'eau me chatouillait les mollets, puis les genoux. Elle courait délicatement le long de la rive et se hâtait de rejoindre le gros du courant. Quand elle a atteint ma taille, je me suis aperçu que le courant se renforçait. Je devais coincer de plus en plus fort mes pieds entre les pierres pour résister aux flots. Et je tenais cette grosse pierre avec la ligne molle et ses pampilles. Je voyais encore sur la berge la silhouette de papa et je l'entendais crier pour m'encourager comme lorsque je jouais au football et plus tard au hockey. Mais c'était peine perdue, je me sentais seul et abandonné. L'eau a atteint mon nombril, puis ma poitrine, elle voulait me faire perdre pied. Et lui criait :

— Avance, tu y es presque !

Je me suis retourné et je ne le voyais plus. Il se confondait avec les arbres et la berge. De quel droit me forçait-il à y aller, alors que lui-même ne savait pas nager ? C'est maman qui me l'avait dit quand je lui avais demandé pourquoi papa ne se baignait jamais avec nous. Il était tellement aveuglé par ces anguilles qu'il me poussait à avancer encore et encore. La rivière me venait aux épaules. Puis elle m'est montée jusqu'au cou. Je sentais sa force. Ce n'était plus la rivière de la veille, c'en était une autre. Une rivière meurtrière. Son courant s'était emparé de moi, ses vagues me ballottaient d'un côté et de l'autre. Elles hurlaient en me demandant ce que je faisais là, de quel droit ? J'ai encore réussi à crier :

— Papa !

L'eau s'est engouffrée dans ma bouche, le fond se dérobait sous mes pieds. Je savais que je ne devais pas lâcher la ligne parce que la rivière se serait emparée de moi et m'aurait déchiqueté en aval, sur les rochers et dans les rapides. J'ai détaché la pierre et je l'ai laissée tomber. Je me cramponnais à la corde et tout à coup j'ai senti quelque chose me tirer, tout doucement, vers le bord. Papa m'a halé jusqu'à la rive, vers le haut-fond. J'étais la plus grosse créature qu'il ait jamais amenée au bout de sa corde ou de sa ligne. Je me suis avancé vers les broussailles en titubant, pour faire mes besoins après cette peur et cette eau froide. Je l'ai entendu enrouler la corde, ôter les petits poissons et lever le camp en marmonnant :

— Mes petits poissons chéris, ce n'était pas tout à fait la bonne nuit. Mais la prochaine fois, je vous en donnerai à vous faire caguer de bonheur.

Assis à croupetons, je me disais que ce soir, c'étaient nous qui nous étions cagués dessus. Sans doute parce que les anguilles avaient reçu le soutien de leur mère – la rivière.

LES CÈPES BLANCS
×

Nous étions partis ramasser du petit bois. Les forêts de Krivoklat sont profondes, certaines personnes ont peur de s'y aventurer. D'un instant à l'autre peuvent apparaître des brigands à cheval venus de Tyrov, armés d'arcs et de flèches. Et surtout on pourrait y croiser de valeureux rois de Bohême, avec leurs équipages. Ma révérence, messire le roi, je viens de Luh sous Branov. On m'appelle cucul. À tout moment, on risque d'y entendre des pleurs humains ou les plaintes d'une bête blessée. Un troupeau de sangliers peut surgir, ou alors le fameux cerf à la croix au milieu de la ramure. Je marche silencieusement à la queue du cortège familial pour tout voir et ne rien manquer. Ma marraine, celle de la cité merveilleuse dénommée imagination, me tient par la main. Les feuilles jaunissent déjà, l'automne s'installe. Les arbres sont robustes et tout là-haut se trouvent les nids des sections avicoles d'assaut. Quelque part vers les sommets est perché le repaire de l'oiseau Roc. Si je traîne, il va fondre sur moi et m'emporter. Nous descendions dans le vallon. Jirka se mit à chanter de sa voix puissante : — *Il y avait des bohémiens, ils avaient des chiens, chiens, chiens, les chiens faisaient ouaf, ouaf, ouaf, et puis encore niaf, niaf, niaf !* En prononçant ces mots, il s'ébrouait et faisait toutes sortes de simagrées. Nous nous sommes joints à lui, nous avions atteint l'orée de la forêt : — *Quand je partirai, un nœud je ferai, un*

nœud à mon baluchon, pour pleurer la Fanchon qui m'a si tôt largué... Tout à coup, Hugo s'est écrié :
— Halte !
— Qu'est-ce qu'il y a ? a demandé maman, qui était tout devant.
— Regardez ce coteau tout blanc !
— Ce ne sont que des pierres, voyons, a dit maman. Un coteau plein de pierres blanches.
— Ce ne sont pas des pierres, dit Hugo, en s'élançant vers le versant.
Arrivé là, il s'est mis à crier :
— Des cèpes !
Nous avons vite escaladé la pente vers la chênaie. Il y avait en effet plein de pierres sur ce versant et entre les pierres, des centaines de cèpes blancs. Nous les avons palpés, certains déjà vieux, aux chapeaux brunâtres et tout fendillés, comme s'ils étaient là depuis un siècle et peut-être davantage. Et ils étaient tous différents, on aurait dit qu'un peintre était passé par là. Des minces et des gros, de petits bonshommes tout mignons, des chouchous à leur maman et des vieillards chenus. Plus d'un a reçu un baiser sur la tête de notre part. Nous avons vidé nos paniers, jeté tout le bois, rempli tous nos récipients et il y en avait toujours autant. Les frangins sont allés voir la tante Karolina dans le champ voisin pour chercher deux autres hottes et nous les avons remplies. Rentrés à Luh, nous avons déversé tous ces champignons sur une bâche dans la grange. Tous sont partis, seule maman est restée près des cèpes, comme si elle voulait se faire plaisir en les touchant. Elle allait organiser un festin digne de l'empereur Néron, qui aimait les champignons accommodés à toutes les sauces. Je suis revenu à la grange et j'ai retrouvé maman, toujours auprès des cèpes. Elle avait les

mains plongées dans le tas de champignons et son visage était baigné de larmes.

— Pourquoi pleures-tu, maman ?

— Quand il y a beaucoup de champignons, ça veut dire qu'il y aura la guerre.

— C'est une superstition, maman.

— C'est la tante Karolina qui l'a dit. Il paraît qu'il y en a eu comme ça avant la Première Guerre mondiale. Des milliers de cèpes blancs. Et ce qui a suivi, c'est la misère et le malheur.

L'année suivante les Allemands sont venus nous occuper. Peu après, nous étions assis sur le petit banc à Luh et nous écoutions à la radio les bombardements de Varsovie. Nous entendions les lourds Junker et Heinkel allemands qui vrombissaient au-dessus de la ville. Les premières détonations résonnèrent. Je me bouchai les oreilles et je me mis à courir dans Luh. J'avais l'impression que j'entendais les bombes même chez nous. Je les voyais déjà tomber. La première atteignait la cave et son baril de poissons marinés. Le baril éclatait et les poissons tombaient dans la boue. Paf ! La deuxième touchait la barque légère du passeur, les planches sautaient dans l'air comme des brindilles. Boum ! La maison près de la rivière s'effondrait en flammes. Au-dessus de la rivière passait un gros Heinkel gris, avec un pilote hilare à tête de mort, qui montrait les dents. Sur les ailes de l'avion il y avait des croix noires. Il se mettait à lâcher des bombes sur la rivière, sur mes poissons. Leurs corps morts remontaient à la surface. Ils étaient blancs comme les faire-part blancs dans les vitrines et ressemblaient aussi à de gros cèpes aux chapeaux craquelés. Et les faire-part disaient : Nous ne reviendrons plus ici. Le carnaval des enfants est terminé.

LA MORT
DES BEAUX CHEVREUILS
×

Nous trois garçons adorions nous rendre dans cette campagne au-delà du château de Krivoklat. Je ne savais pas encore pourquoi à cette époque, je le sais désormais. Mon papa avait compris dès ce temps-là qu'il me serait un jour donné de visiter les boulevards parisiens, les gratte-ciel new-yorkais, mais que je ne passerais plus jamais des semaines entières dans cette vieille ferme qui sentait bon le pain cuit au four et où on barattait le beurre à la main, parce que le jour viendrait où des voitures s'arrêteraient devant la porte de telles fermes, où des écrans de télévision clignoteraient à l'intérieur, et on vous ferait boire un mauvais café accompagné de pain blafard.

Jadis, papa était parti à la recherche de ce coin de terre en se fiant à son instinct. Dans les années trente, il était passé près du château de Krivoklat avec notre chauffeur particulier Tonda Valenta et il avait poussé plus loin vers l'ouest, par une route terriblement sinueuse longeant la rivière Berounka où nageaient des brochets gros comme des crocodiles et dans les herbes des eaux basses se vautraient des chevaines et des barbeaux, semblables à des bûches. Papa observait tout cela et continuait à progresser, jusqu'à une auberge touristique, À l'Éclaireur, où nous séjournâmes deux saisons durant. Mais ce n'était pas encore cela. Même si Mme Frankova était une femme belle et accueillante qui savait très bien faire le goulasch et la soupe de tripes, le samedi et le dimanche c'était chez elle une vraie foire. Il arrivait des tas de campeurs, de vadrouilleurs, de trimardeurs, de cow-boys à la petite semaine et la petite auberge tranquille se transformait en un enfer digne du Far West. Au début, maman envoyait papa chez les campeurs pour les prier de faire moins de bruit, mais après quelques tentatives elle y renonça. Car la belle voix de papa ne tardait pas à se faire entendre au milieu des chansons ronflantes, celles qui parlaient de l'existence qui est une chienne, et disaient que rien ne vaut la vie sur le Yukon, loin de toute femme. Nous, les pauvres enfants, entendions surtout le vacarme des seuls instruments que papa maîtrisait, à savoir le balai et les couvercles de casseroles empruntés à Mme Frankova. Au matin, maman le retrouvait assis près du puits, à moitié soûl ; il jouait sur un peigne des chansonnettes sentimentales parlant de sa ville noire de Kladno.

Dans cette région habitaient des gens merveilleux, comme le clochard Bambas. Il ne travaillait pas du printemps jusqu'à l'hiver, il allait à la pêche près du Rocher du Diable. Il se préparait cinq morceaux de sucre par jour dans un sachet en toile. C'était tout ce qui lui restait de l'hiver, époque où il trouvait un peu de travail. Sa vie me fascinait et même par la suite, quand d'autres garçons rêvaient d'être écrivains ou aviateurs, moi, je voulais être Bambas. Il dormait dans une cabane à moitié effondrée avec pour couverture une peau de chevreuil mitée. C'était un pêcheur fantastique qui attrapait les poissons de toutes les manières autorisées et surtout interdites. Maman n'aimait pas me voir avec Bambas, elle avait peur qu'il déteigne sur moi. Malheureusement, ce n'est pas arrivé.

Mais je reviens à ce qui s'est passé avec papa et nous. Après une de ces nuits tumultueuses, papa fut obligé de trouver une ferme pour nous loger. Alors il nous mit sur une goélette et nous naviguâmes jusqu'à une petite maison en contre-bas de Branov, dans un lieu dénommé Luh. C'était la ferme du passeur Karel Prosek, qui avait une moustache identique à celle d'Adolf Hitler, et Prosek nous y hébergea durant de longues années. Dans cette maison il y avait justement un four à pain, dans la cave du lait, du beurre et du babeurre, une vache dans l'étable, sur un terrain pentu des pommes de terre, dans la forêt des cèpes et dans l'eau que nous voyions depuis les fenêtres, des nuées de poissons. C'était le paradis, comme dans la chanson de M. Werich ou plus tard M. Matuska, et on pouvait même acheter des bocks de bière dans une petite auberge à la croisée de deux routes, dénommée Annamo.

Karel Prosek était roué et bosseur, papa avait de l'argent, du coup cela devint la maison la plus riche de Luh. La cave renfermait des pots en grès avec des poissons confits au vinaigre et aux oignons ; quand on les tirait de là, le jus vous coulait entre les doigts, de petites miettes s'en détachaient et c'était bon à vous faire tomber dans les pommes ou ailleurs. Et il y avait aussi des marmites de viande de chevreuil marinée, il y pendait des guirlandes de saucisses pragoises de chez Maceska, des pots remplis de crème et des pichets de lait y étaient entreposés. Papa nous acheta un ballon de foot jaune, d'origine anglaise, nous faisions des matchs sur la placette, et dans la fenêtre de notre chambre il y avait un gramophone à manivelle qui jouait une fois remonté :

Au volant, toujours en avant
Loin devant est notre but
Pour venir à bout de mille lieues

Avec tous leurs dangers
Vos nerfs ne doivent pas lâcher

Karel Prosek se procurait la viande de chevreuil dans les bois de Krivoklat. Il s'y prenait d'une manière mystérieuse, que personne ne comprit pendant de longues années. Mais évidemment, il avait depuis toujours du sang de braconnier dans les veines. Son grand-père déjà s'était rendu célèbre : il avait parié qu'il passerait à midi devant la gendarmerie de Krivoklat avec le plus beau chevreuil de la forêt et c'est ce qu'il fit, transportant le chevreuil dans un cercueil sur un corbillard. Un autre jour, quand les gendarmes étaient venus faire une perquisition chez eux, sa maman avait mis le chevreuil à la place du bébé et elle le berçait dans son berceau. Les gendarmes ne pouvaient pardonner à Prosek ces deux humiliations, car la chose s'était éventée. Karel savait donc que jamais il ne tirerait un coup de fusil et il préféra jeter son fusil dans la Berounka au-dessus des rapides.

Mais mon faux oncle Prosek, bien plus intéressant pour moi que tous mes vrais oncles, avait trouvé une autre méthode. Il avait récupéré auprès du fermier Novak un chiot de berger allemand qu'il appela Holan, d'après la célèbre maison de déménagement pragoise. Car Holan avait vraiment des allures de déménageur. Un poitrail massif, des pattes solides et une gueule immense, une truffe qui dépassait du museau, des yeux jaunes et pleins d'intelligence, mais qui recelaient encore d'autres secrets. C'étaient des yeux de loup. Son potentiel génétique avait dû dérailler quelque part et Holan était en fait un loup dans l'âme. Déjà tout petit, boule de poils aux yeux exorbités, il tuait les poules. Ouaf, ouaf, grrr, grrr. Et surtout une secousse, un coup sec et la MORT. Cela vint par la suite. Voilà pourquoi le fermier Novak avait été content de s'en débarrasser. Mais c'était justement le chien qu'il fallait à l'oncle Prosek.

Il ramenait les oies à la maison et tuait d'un coup de mâchoire, comme on avale une framboise, celle que l'oncle Prosek lui désignait avant la fête du village. Il ramenait la vache et les poules des champs. Au matin, Prosek trouvait sur le seuil de sa porte une fouine morte, ou un putois, ou une rangée de rats morts, alignés comme des poules sur leur perchoir. Holan nous offrit un jour le spectacle d'une bagarre avec un renard vigoureux qui s'enfuyait vers la forêt, une canette volée dans la gueule. Il le rattrapa dans la pente et lui sauta au cou. Mais le renard n'était pas un néophyte. Durant une heure, on vit voler des poils et gicler le sang, la pelote en bataille avait roulé sur un kilomètre jusqu'à la rivière où finalement Holan, qui savait pêcher la truite, maintint le renard sous l'eau assez longtemps pour le noyer.

Entre Prosek et Holan il était né une amitié telle que je n'en ai jamais vu entre deux hommes. Par amour de Prosek, Holan sautait à l'eau. À chaque fois que Prosek ne voulait pas l'emmener sur l'autre bord, quand la rivière était haute et boueuse ou qu'il y avait des plaques de glace, Holan se jetait à l'eau et suivait son maître à la nage. Au-delà de la rivière, dans la maisonnette blanche dénommée Annamo, son maître dégustait une bière, ou plutôt quelques petits rhums, et Holan attendait dehors sans bouger des heures et des heures, tourné vers la porte, ne la quittant pas du regard. Prosek avait toujours l'alcool mauvais. En sortant, il injuriait son chien, le bombardait de mottes de terre ramassées dans les champs, ou de pierres récupérées sur la route, et Holan le suivait de loin en courant. Prosek pestait contre l'hypothèque de sa maison, il pestait même contre papa. Puis sa menue femme Karolina le faisait traverser jusqu'à Luh avec son chien gémissant, il s'étendait dans l'herbe sous son magnifique acacia dont les fleurs bruissaient au printemps du bourdonnement de mille abeilles et de mille bourdons, et il s'endormait comme un bienheureux. Et Holan, ce vagabond noctambule qui n'avait jamais vu son maître dormir dans son lit, ne comprenait pas ce sommeil et croyait toujours son maître mourant, alors il se mettait à hurler et à geindre, et au bout d'un long moment il se blottissait contre le ventre de Prosek, mettait sa truffe près de son nez et quand il l'entendait respirer, il s'endormait lui aussi. Quand ils se réveillaient, Prosek disait à Holan – espèce de sale bête – et il allait à la cave manger des cornichons au vinaigre et à l'aneth.

Et le lendemain, on le voyait avec sa pioche travailler dans ses champs pierreux et Karolina portait de lourdes hottes d'herbe et de branches ramassées dans la prairie de Brtva. Telle était leur vie. Mais ce n'était pas tout...

Au-dessus d'une petite île sur la rivière, s'élevait un terrain en pente, mais un terrain spécial, sur lequel il n'y avait aucune pierre comme il en va généralement en de tels lieux, mais une herbe haute et tendre, recouvrant de petits à-plats entre les chênes géants. Des animaux venaient y paître et couraient s'abreuver à la rivière en contre-bas. C'était en fait un jardin magnifique, ou un parc de château, mais aussi le jardin de la mort, un jardin qu'on aurait pu appeler « la mort des beaux chevreuils ». Un certain jour, il y avait longtemps, Karel Prosek était venu là, il avait pris la tête de Holan entre ses mains, l'avait tournée vers la tache marron dans cette pente et avait dit :

– Vas-y, Holan !

Et Holan, à peine sorti de son enfance de chiot, s'était

élancé comme s'il avait toujours connu la chasse. Sous le vent, pour éviter que le chevreuil ne le flaire, il courait d'un pas léger, on aurait cru voir flotter des fils de la vierge. Tout d'abord en bondissant comme sur des coussins d'air, puis les dernières dizaines de mètres recroquevillé sur lui-même, et à la fin en rampant. Il s'élançait, prenant le chevreuil de court, ces quelques secondes d'avance et surtout l'effet de surprise avaient leur importance. Le chevreuil poussait un beuglement, il chargeait enfin, mais trop tard. Holan accélérait sur deux, trois mètres le long de son flanc, il lui sautait au cou et son poids redoublé faisait tomber la bête à terre, généralement jusqu'à lui briser la nuque. Puis il donnait encore un puissant coup de dents sur la gorge, qui lui perçait l'aorte. Le temps que Prosek arrive jusqu'à lui, tout était terminé. Cela se passait dans le silence, les chênes se taisaient et là-haut, dans la plaine au-dessus de la pente, passaient des gardes forestiers comptant les arbres à couper et à dégager ; la maison du garde-chasse était baignée de soleil.

Prosek fourrait le chevreuil dans son immense sac à dos, il le dépouillait dans sa grange et brûlait tout, hormis la viande. La famille en avait pour un bon mois. Ils récoltaient bon an mal an leurs petites patates qui poussaient dans le champ pierreux, dont ils devaient les extirper à la pioche. C'est ainsi que ces gens-là voyaient les choses et il y avait là-dedans aussi le goût de l'aventure, même s'ils n'auraient pas employé cette expression de citadins.

Et ensuite ? Ensuite les gardes-chasse et les gardes forestiers se mirent à dénombrer non seulement les arbres mais aussi les chevreuils, et les comptes ne tombaient jamais juste. Ils se souvinrent du braconnier Prosek et ils s'en vinrent à Luh et quand ils virent Holan, ils crurent comprendre. Prosek amenait le garde forestier Novotny et son second de l'autre côté de la rivière, tandis que Holan pourchassait quelque bête sur le versant. Novotny alla droit au but :

— Prosek, ce chien est un braconneur.

— Mais non, monsieur le garde, il ne fait que s'amuser.

— Il s'amuse, je vous en foutrai. Il chasse le gibier. Il le piste.

— Je le siffle et le temps d'arriver sur la rive, il sera là à nous attendre.

Prosek lâcha sa perche, mit ses doigts dans sa bouche, siffla et continua à propulser la barque sans s'en faire. Il s'arrêta devant son magnifique acacia et Holan se tenait là, sur la berge, en remuant la queue. Prosek lui dit :

— Qu'est-ce que tu as fait de la vache ? Ramène la vache à la maison.

Holan secoua la tête, partit dans la pente jusqu'au pâturage. Novotny le regarda s'éloigner.

— Non, ce n'est pas un braconnier, c'est un bon chien, Prosek.

À partir de ce jour, ce fut chez eux un insouciant paradis, le gramophone Odeon continua à jouer *Mille lieues* et on mangeait du chevreuil à la crème avec des *knedlik* et tous les autres accompagnements qu'on préparait à Branov, comme des pommes de terre et des quenelles à la mode des charbonniers ou de petites crêpes graissées avec une préparation au beurre dénommée *kalinka* ou des galettes de pomme de terre cuites au four qu'on appelait *batz*. Mon Dieu, que de bonnes choses. Mais un jour cela prit fin parce que l'ex-caporal Adolf Hitler était arrivé, avec la même moustache sous le nez que Karel Prosek, mon oncle adoré.

À l'époque, Luh n'avait pas de radio locale et c'est le garde-champêtre Karel Kovarik, un ancien cordonnier, sourd comme un pot et tout loqueteux, qui venait annoncer les nouvelles avec son tambour, sa casquette autrichienne enfoncée sur le crâne. Il avait un tambour rouge et des baguettes bleues et l'annonce terminée, il mendiait auprès de nous :

— Donnez-moi une couronne, les garçons !

Généralement, papa m'en donnait une à lui remettre et lui, fou de joie, traversait la forêt pour se rendre au loin à Kourimec et Emilovna. Il tambourinait en chemin sur son tambour rouge, les chevreuils et les cerfs le connaissaient et se rassemblaient le long des chemins pour le voir passer car ils savaient que ce tintamarre ne présageait rien de mauvais. Et vers la fin, il en vint à perdre la raison et il se mit à quémander une couronne aussi au gibier.

Et quand cet Adolf Hitler est arrivé, M. Kovarik vint tambouriner la chose suivante :

— Avis à la population, ce pays est désormais un Protectorat, Böhmen und Mähren.

Mon papa supportait mal l'interdiction qui lui était faite d'aller à Krivoklat et s'il n'en avait pas été de maman, qui lui inspirait une peur à peine moins grande qu'Adolf Hitler, il s'y serait rendu depuis longtemps. La troisième année de la guerre, quand mes frères Hugo et Jirka furent convoqués au camp de concentration, papa déclara :

— Les garçons ont besoin de manger avant de partir. De la viande. Je vais rapporter du poisson.

Papa n'avait le droit de prendre son vélo que pour se rendre au travail, il lui était défendu de quitter sa résidence sans autorisation, et totalement interdit d'aller à la pêche, car il ne vivait pas sur la Riviera mais dans un protectorat et sous l'œil intéressé des gendarmes et de la gestapo. Il alla voir son grand ami de Bustehrad, le docteur Quido Jerabek, et celui-ci lui fit un certificat comme quoi il était malade et ne pouvait pas aller travailler à la mine. Quido ne se doutait absolument pas que papa s'apprêtait à passer le week-end du côté du château de Krivoklat.

Papa quitta le n° 54 de notre maison de Bustehrad sans son étoile, il l'avait décousue et fourrée dans sa poche. Il mit sur le tandem son havresac, des sacs et un banneton pliant pour la pêche à l'anguille. Maman, pour sa part, fulminait et pas qu'un peu.

Il faisait encore nuit quand papa passa Zehrovice et Lany, d'autres étoiles que celle dans sa poche qui disait *JUDE*, lui éclairaient le chemin. Toutes sortes de pensées lui passaient par la tête, même que le monde était tout embrouillé et plein de merde, que tout récemment encore il avait pris la même route comme un monsieur, dans sa Buick américaine, et maintenant il se traînait le long du fossé sur son vélo grinçant comme un pauvre Juif. Puis il descendit les virages en épingle à cheveux jusqu'à Krivoklat, il poussa le vélo pour monter la colline au-dessus de Visnovka, suivit le bord de la Berounka où l'écume s'amassait dans les trous d'eau à brochet comme tant d'années auparavant et grondait comme jadis, et des vipères traversaient déjà la route brûlante. Il vit la belle villa de Cech et le moulin, puis la maisonnette de Prosek passée à la chaux, avec ses deux fenêtres et son toit rouge qui attirait papa comme un aimant et il serait arrivé à vélo jusqu'à sa porte et à cet acacia qui était justement en fleurs, s'il n'y avait pas eu la rivière entre lui et la maison. Il s'était présenté ainsi peut-être une centaine de fois, et ce jour-là, la bâtisse lui paraissait encore plus belle, tel un château ou un palais ou quelque chose de carrément indicible. Il ne savait pas pourquoi, mais c'était clairement parce qu'il ne l'avait pas vue depuis longtemps et qu'il se l'était gagnée, qu'il avait pédalé pour l'atteindre et qu'il avait passé toutes ces années à lutter contre la peur de venir jusqu'ici. Bref, c'était autre chose que d'arriver, bien assis sur ses fesses, dans une Buick confortable. Et de voir cette maison, cela signifiait savoir qu'elle tenait encore debout et qu'elle serait sans doute encore là quand les Allemands seraient partis, et que même Karel Prosek serait encore là, et peut-être nous aussi, les Juifs, les demi-Juifs et les quarts de Juif.

Assis au bord du chemin à regarder la maisonnette, il appela :

— Passeur !

En d'autres temps nous serions tous sortis devant la porte, le gramophone aurait joué *Mille lieues* et maman serait accourue pour sauter telle quelle, avec sa robe, dans la Berounka, pour qu'on s'amuse un peu. En l'honneur de l'arrivée de papa, Jirka, le plus doué de nous au foot, aurait envoyé en l'air le ballon anglais jaune, nous nous serions mis à vociférer et Holan à aboyer comme un fou. Bref, un vrai capharnaüm.

Mais là, la maison restait silencieuse comme si on échangeait déjà des coups de feu quelque part dans le voisinage. Cependant, au bout d'un moment, un monsieur en chapeau en sortit, suivi d'un gros chien. Sur son bateau, Prosek s'approcha de l'autre rive et quand il reconnut papa il se mit à rayonner comme un petit soleil. Pour la première fois de leur vie, ils s'embrassèrent.

Papa ne dormit pas chez Prosek cette nuit-là. Il se contenta de remiser son vélo dans l'étable, il emporta dans la hotte de la paille de seigle et passa la nuit dans l'île, couvert de son imper. Au matin, Karel lui apporta du lait, du beurre, du pain et des gâteaux au pavot que Mme Karolina venait de faire. Papa troublait l'eau en cherchant des « escalopes » pour prendre de grosses anguilles, il préparait ses lignes et la réserve pliante. Les fermiers de Bustehrad lui avaient promis, en échange des anguilles, de la viande et du saindoux de la tue-cochon. Mais les nuits étaient belles, lumineuses, ce qui était une catastrophe. La pleine lune éclairait comme pour enjôler les poètes, et elle devait faire peur aux anguilles, ces prédateurs nocturnes, qui refusaient de mordre. Papa désespérait, il ne dormait pas de la nuit, il piquait de petits poissons et des vers de terre sur les hameçons. Au matin, les lignes brillaient par leur virginité et lui se frappait la tête et maudissait ce monde de merde. Karel l'observait se faire cuire des *knedlik* farcis aux framboises dans un petit chaudron et lui disait :

– Ne soyez pas triste, vous leur porterez de la farine et du beurre.

– Mais Karel, il me faut de la viande pour mes garçons. Il faut qu'ils puissent en manger encore une bonne fois.

– M. Leo, je n'ai pas de viande, il faudrait que je tue ma vache pour vous. Si vous voulez, je la tue aujourd'hui, ma Pâquerette.

Puis papa prononça cette phrase qu'il avait visiblement préparée à la maison et qu'il n'avait pas révélée à maman, mais qui était le but principal de son expédition.

– Karel, il me faut un chevreuil.

C'était à la fois une supplique et un ordre. Karel répondit :

– Depuis que les boches sont là, je ne suis pas allé en forêt avec Holan. Vous pensez que je ne suis pas un homme, mais moi j'ai six enfants. Et c'est puni de mort.

– D'accord, Karel. Est-ce que tu me le prêtes, Holan ?

– Je ne sais pas s'il vous suivra. Il n'a jamais suivi personne.

– Il me suivra.

– S'il vous suit, je vous le prête.

— Je viendrai le chercher, Karel, le moment venu.

Karel s'en alla, le dos tout voûté, c'était terriblement cruel pour lui.

Papa étendit son imper dans les roseaux, il se coucha dessus et se mit à observer le terrain pentu avec les jumelles de théâtre de ma grand-mère. Un jour passa, puis un deuxième. Pas de chevreuil. Papa buvait du lait dans le pot que lui apportait Prosek. Ils ne se parlaient pas, comme si un mur s'était élevé entre eux.

— Il est venu ?

— Non.

Et c'était tout.

Puis vint le dernier jour, après quoi papa devait repartir. Il était étendu dans la roselière, il pressait les petites jumelles contre ses yeux, ses yeux rougis d'où coulaient des larmes de fatigue et de rage. La nature s'était liguée contre le Juif, ces nuits claires de pleine lune, ces serpents d'eau nocturnes, et là, la forêt avec ses chênes silencieux dans lesquels n'apparaissait même pas un écureuil. L'après-midi il s'endormit, la casquette glissa sur sa nuque, la longue-vue de grand-mère Malvina tomba dans les roseaux. Il ne se réveilla qu'en fin de journée, cette heure tardive où les insectes s'envolent quelque part, où les vaches quittent les prés et rentrent à la maison et les poissons commencent à mordre. Papa se frotta les yeux. De l'autre côté, sur le terrain pentu tout près de lui, un chevreuil était en train de paître. C'était sûrement le Dieu des Juifs qui l'avait envoyé in extremis. Papa attrapa les jumelles et l'examina. Des bois magnifiques, plus beaux que tous ceux qu'il avait vus avant-guerre au château de Krivoklat. Un chevreuil vraiment divin. Une tête puissante portée par un cou massif, presque celui d'un cerf, une couleur roux doré comme incandescente, on l'aurait cru sorti des feux de l'enfer et non de chez le bon Dieu.

Papa manqua se noyer en traversant à gué le bras de rivière bourbeux, il arriva chez le passeur tout noir et tout essoufflé. Prosek lui dit :

— Qu'est-ce que vous avez fabriqué ?

— Karel, où est Holan ? Il y a une pièce capitale, un chevreuil gros comme un veau.

— Je ne le ferais pas, monsieur. Cet après-midi j'ai vu passer des Allemands qui allaient vers les maisons forestières. Tout un groupe, des mitraillettes au cou.

— Tu m'as promis de me prêter ton chien.

— S'il accepte de vous suivre. Holan !

Holan sortit du tas de bois. Il se campa là en regardant Prosek.

— Tu le suis et tu fais ce qu'il te demande. Tu comprends ?

Et à papa :

— À la fin, vous lui prenez la tête entre les mains et vous dites « Vas-y Holan ! » Le reste n'est plus votre affaire.

Prosek rentra dans sa maison en fermant la porte pour faire comprendre à Holan qu'il avait un nouveau maître.

Holan s'assit en examinant mon papa couvert de vase, jamais de sa vie il n'avait vu un pareil épouvantail. Puis il le reconnut, il remua la queue et se leva et papa se dit qu'il avait partie gagnée. Mais il se trompait. Holan se rassit. Il attendait que papa lui lance, comme il avait coutume de le faire, une ou deux saucisses pragoises.

— Holan, viens avec moi. Souviens-toi, je t'apportais des saucisses. Viens avec moi, mon camarade.

Holan restait assis sur son derrière, il clignait des yeux et continuait à observer papa. Il était clair qu'il ne le suivrait pas, il n'avait jamais suivi personne. Papa se remit à le supplier comme il n'avait jamais supplié personne, mais en vain. Il lui disait, Holan, mon petit Holan, mais rien à faire. Puis il commença à désespérer, il était au bord d'une crise proche de la folie. Il tira de sa poche cette petite étoile de tissu qui disait *JUDE*, il la mit sous le nez de Holan en criant :

– Moi je suis un Juif maintenant et je n'ai pas de saucisses. Moi-même, j'en aurais besoin. Je suis un Juif et il me faut de la viande pour mes fils fantastiques et toi, tu dois me la procurer !

Des larmes coulèrent de ses yeux, il tourna les talons et partit vers le sentier qui menait à l'île, en envoyant à tous les diables Prosek et son Holan. Il avait décidé de suivre son chemin, de ne plus jamais voir cette fermette blanche, de ramasser sa toile de tente, son équipement et de rentrer bredouille à la maison. Mais quand même, à l'entrée du sentier, il n'y tint plus et il se retourna.

Les regards du chien et de l'homme se croisèrent. Ils se regardèrent longuement, une éternité peut-être, il s'y éteignait et se rallumait des lumières, et personne ne saura jamais ce qu'ils se sont dit là parce qu'ils sont morts tous les deux, mais même s'ils étaient encore en vie, personne ne le saurait, parce que de toute manière eux non plus ne le savaient pas. Ils maudissaient peut-être cette vie de chien ou cette vie de Juif, mais ce sont là des peut-être. Holan se redressa, il s'étira et il suivit papa à pas lents comme un chien de passeur ordinaire, comme s'il avait été à lui depuis toujours. Dans le sentier, il se transforma en loup.

Papa emprunta ce sentier étroit au-dessus de la rivière jusqu'au terrain pentu où paissait le chevreuil, et Holan le précédait de trois pas. Papa n'en était pas à sa première chasse, mais celle-ci ne ressemblait en rien aux battues d'autrefois avec leurs fanfares, car il avait appris à tirer en Afrique où les gens n'avaient rien d'autre à faire et passaient leur temps à cela. Une fois, près de Bakov, il avait abattu d'un coup de carabine à deux coups deux bécasses qui volaient au ras du sol – pan ! L'architecte Kotrba, champion national de tir, s'était approché de lui, il avait retiré la plume de geai de son chapeau et la lui avait donnée. Papa montait la colline et voyait en esprit les Allemands sur le plateau. Ils étaient installés sur des rondins devant la maison forestière d'un blanc de neige, à boire du schnaps en tranchant leur lard avec leurs poignards. Ils riaient, leurs fusils mitrailleurs métalliques sur les genoux et ils arrachaient des cheveux et des poils de barbe aux Juifs. Papa savait que s'il se faisait prendre ils allaient le battre à mort, puis le mettre en bouillie avec leurs tirs de fusils et le jeter à la rivière et qu'il allait descendre au fil du courant, passant par les plus beaux paysages qu'il ait jamais vus et s'arrêter près du Rocher des Sima, accroché à un gros bloc noir et les anguilles rentreraient dans son corps et lui dévoreraient les entrailles, le cœur et la cervelle pour le faire payer d'être si souvent venu les arracher à leur rivière, la plus belle au monde. L'île n'était plus bien loin. Un bouquet de charmes, une touffe de bouleaux graciles au feuillage couleur de marécage et ensuite les chênes. Le chien s'arrêta. Il avait aperçu le chevreuil.

On pouvait encore tout arrêter, Holan aurait obéi. Mais papa prit sa tête entre ses mains et chuchota ces mots meurtriers :

– Vas-y, Holan.

Holan s'élança. Il choisit sa trajectoire et on aurait dit qu'il volait dans l'air parmi les chênes. Puis il se recroquevilla et disparut à la vue de papa dans les derniers mètres alors qu'il rampait parmi les hautes herbes. Papa oublia toute prudence, et, au risque d'effaroucher la proie, continua d'avancer, fasciné. Et il aperçut le chien qui s'élançait et il entendit le beuglement du chevreuil. Il y avait plusieurs années que Holan n'avait pas chassé et il rata purement et simplement la bête. Il avait sauté sur son échine et avait dérapé le long de son arrière-train. Papa s'adossa à un chêne, il n'avait plus la force d'avancer ou de faire quoi que ce soit. Il voyait le spectacle silencieux, mais trop bruyant quand même pour la forêt. Les animaux râlaient, les cailloux de la pente roulaient, les vieilles branches craquaient, les oiseaux criaient dans les ramures des chênes. Le chevreuil était encore plus massif qu'il n'avait semblé de loin. Il s'enfuyait en bondissant vers la rivière, comme propulsé par un ressort. À vingt pas peut-être de la rivière, Holan sauta une deuxième et dernière fois. Le chevreuil fit une galipette comme un lièvre touché par la chevrotine. Mais il n'était pas mort. Quelque chose se déroulait encore, les deux corps roulaient dans la pente et l'herbe verte de cette fin de printemps se teignait de sang. Le chevreuil s'immobilisa enfin près de la rivière et Holan se tenait debout au-dessus de lui.

Mon papa était baigné de sueur des pieds à la tête. Il quitta le chêne en s'apprêtant à descendre vers l'eau. Puis il aperçut deux types qui chassaient le chien. Il se mit à trembler, il repensa à ces mitrailleurs allemands qui avaient sans doute quitté la maison forestière blanc pur. Mais ces deux types étaient des pêcheurs, ils portaient des cannes dans leur dos comme d'autres portent des fusils. Ils délogèrent le chien, sortirent leurs couteaux et se mirent à dépecer le chevreuil, comme si c'était naturel, comme s'il était à eux. Holan s'en retourna, il avait les oreilles basses comme s'il avait reçu une raclée et les yeux pleins de culpabilité.

Ils s'en retournèrent tristement au ponton du passeur, Karel Prosek aperçut le sac à dos vide et il les accueillit presque avec joie.

— Elle n'y était plus, la bête à cornes ? Elle a pris le large ?

Papa lui raconta ce qui s'était passé. Prosek n'avait jamais supporté que quelqu'un lui vole ses poissons sur sa ligne, alors un chevreuil, pensez-vous. Et il se rendit compte qu'il était désormais devenu ce qu'il n'aurait pas voulu être, qu'il avait quand même fini par s'y conformer. Il dit :

— Écoutez-moi bien. Vous allez suivre le sentier, je serai en-dessous, comme si on cherchait quelque chose. Mais vite ! Le chien reste ici.

Ils partirent presque en courant et arrivés près du terrain pentu des chevreuils morts, Prosek se mit à crier :

— Monsieur le garde-chasse, c'était par là !

Et papa de répondre, comme un mauvais acteur :

— Oui, ça pourrait bien être l'endroit.

Puis ils entendirent une grande cavalcade et ils aperçurent les pêcheurs qui galopaient sur la berge en remontant vers l'Éclaireur et vers les eaux à barbeaux où on pouvait traverser à gué et se sauver la peur au ventre jusqu'à Pétaouchnock.

Prosek descendit jusqu'au chevreuil. Celui-ci était déjà tout dépouillé et vidé, garni de branchettes de sapin comme au rayon GIBIER de la boucherie, ces hommes n'étaient manifestement pas des amateurs. La tête aux yeux clos et aux magnifiques bois bien développés gisait à côté. Prosek regarda encore du côté des pêcheurs et dit :

— Alors merci beaucoup, les jeunes.

Ils fourrèrent le chevreuil dans le sac à dos et soudain les premiers coups de feu retentirent dans le bois. Les Allemands avaient commencé leur chasse. Ils se sauvèrent à toute vitesse par le sentier, en portant le sac à dos chacun à son tour. À la maison ils le dissimulèrent au grenier et papa passa sa dernière nuit dans l'île. Il ne dormit pas, il ne cessa d'observer les étoiles silencieuses et la lune brillante, et la rivière coulait le long de l'île, une loutre était en train de pêcher quelque part et il se sentait aux anges d'avoir réussi à venir là et à tout faire comme il l'avait rêvé.

Il partit à la nuit, ce pauvre Prosek lui avait trouvé quelque part une centaine de clopes pour la route. Il portait sur son tandem de la farine, du beurre, des galettes et dans le sac à dos le chevreuil. La tête, il l'avait laissée à Prosek. Il monta la colline, descendit les virages en épingle jusqu'à la petite ville de Krivoklat. Celle-ci grouillait d'Allemands. Ses nerfs lâchèrent, il voulut laisser son tandem là, mais une dame lui dit :

– Monsieur, vous avez plein de sang partout.

Cette dame tchèque inconnue l'amena chez elle, avec son mari ils refirent le paquet du chevreuil, ils lui préparèrent du café pour qu'il reprenne des forces pour la route, et entre temps elle lui lava les taches de son manteau. Et mon sacré papa continua à filer, et un grand calme s'était emparé de lui parce qu'après ce qu'il avait vécu dans les forêts de Krivoklat, après les quelques moments qui venaient de s'écouler, il savait que la chance allait lui sourire aujourd'hui et demain, et qu'il ne lui arriverait rien de mauvais. Il pédalait comme s'il revenait d'une excursion et même lorsque le jour se leva et qu'une voiture armée de la Wehrmacht le doubla sans faire cas de lui, il commença à fredonner des chansons de légionnaires et même cette chanson allemande coquine :

Der Elefant von Indien
Der kann Loch nicht findien.

C'était le début de l'été, il faisait un temps magnifique, les fleurs des cerisiers étaient déjà tombées, celles des poiriers et des pommiers étaient en train d'en faire autant, les fruits commençaient à se nouer dans cette troisième année de guerre.

Il arriva à Bustehrad dans l'après-midi et le chevreuil fut partagé équitablement. Il donna un cuissot au boulanger Blaha qui avait été très bon avec nous pendant la guerre, l'autre à la ferme, aux Burger, qui avaient été encore plus généreux et le reste, maman le mit à mariner dans un magnifique pot en grès et elle cuisina des sauces et des biftecks, sa grande spécialité, pour mes frères Hugo et Jirka. Les garçons se goinfraient pour se préparer aux années futures, pour tenir le temps de Terezin, Auschwitz, Mauthausen, le temps des marches de la mort par des moins trente, et du portage de pierres sur les escaliers de Mauthausen par des plus trente, et de toutes ces belles choses que les Allemands leur réservaient. Hugo revint grosso modo en bon état. À son retour de Mauthausen, Jirka pesait quarante kilos et il passa six mois entre la vie et la mort à cause de la faim et des souffrances, avant de se remettre à vivre. Il ne m'en a jamais trop parlé, sauf une fois, quand nous avons évoqué ce chevreuil et il me dit :

– Peut-être que ce chevreuil m'a bel et bien sauvé la vie. Peut-être que ces derniers morceaux de vraie viande m'ont tenu jusqu'à la fin.

L'oncle Prosek naturalisa le crâne du chevreuil. Il

l'accrocha à sa maisonnette blanc de neige, au-dessus de la porte d'entrée. Il le fit même si c'était contre ses principes, et il affirma aux gardes-chasse qu'on lui avait envoyé ces bois depuis les Alpes. Et il avoua à ses enfants et petits-enfants que tout compte fait, cette chasse au chevreuil avait été plus dangereuse que la chasse aux bêtes féroces d'Afrique. Il promettait de tout leur raconter un jour. Mais il n'a pas pu le faire. Et il n'a pas pu porter les bois du chevreuil à mon bien aimé château de Krivoklat comme il l'avait promis, quelqu'un les avait volés parce que Holan n'était plus de ce monde.

L'oncle est mort après la guerre, peu de temps après Holan et il n'a plus eu le temps de rien faire. Quand je suis venu à son enterrement, l'orphéon jouait sur la berge une chanson parlant d'un passeur fidèle, et on l'a mis dans un grand cercueil noir sur la plus ancienne de ses barques, celle sur laquelle il avait emmené des dizaines de compagnons morts vers la rive de Nezabudice. J'avais déjà l'âge de raison et je me suis mis à pleurer comme jamais auparavant. Il était là, étendu dans son cercueil, avec sa moustache, blanc comme la camarde en personne. On l'emmena de l'autre côté de la rivière qui coulait sous la barque comme elle coule depuis des millions d'années et j'étais inconsolable. J'avais atteint un âge où je comprenais que je n'enterrais pas seulement l'oncle Prosek, mais toute mon enfance et ce qui allait avec. Ce cercueil emportait mon véritable ballon de foot anglais, le babeurre frais, les poissons et le chevreuil marinés, le chien Holan, les saucisses de Prague et le disque de gramophone *Mille lieues*.

DES CARPES
POUR LA WEHRMACHT

×

Papa se fit confisquer l'étang de Bustehrad dès le début de l'Occupation.

— Un Juif peut-il faire l'élevage de carpes ? le raisonnait le maire.

À Bustehrad, l'étang du bas était depuis quelque temps devenu le préféré de papa, il en était amoureux comme d'une donzelle (soit dit en passant, il continuait parfois à bien aimer les donzelles). Pourtant cet étang n'avait rien de la splendeur des étangs qui existent en Bohême du Sud, d'où s'élèvent des brumes, où les roseaux se balancent et où crient les mouettes, mais c'était une mare relativement honnête au centre de la bourgade, avec d'un côté la brasserie, de l'autre des peupliers, et tout autour des maisonnettes et des chaumières. De surcroît, tout enfant, papa y avait navigué dans un baquet à linge, comme avant lui son père, son grand-père et son arrière-grand-père et il y était donc attaché par des liens de famille (entre nous, aussi parce que cet étang abritait de bonnes carpes à la croissance rapide, qui ne puaient pas la vase et qui lui donnaient de quoi améliorer sa paie de démarcheur en réfrigérateurs et aspirateurs pour la fameuse maison Electrolux). En temps de paix, papa avait coutume de se promener le long de l'étang, il emportait un sachet en papier avec des petits pains et il nourrissait ses carpes comme il aurait fait pour des poules :

– Petites, petites, voilà, mes petites, voilà.

Les carpes arrivaient, elles ouvraient la gueule, avalaient le pain et hop là ! viraient avec grâce pour s'en retourner sous l'eau. Il leur apportait également un complément de nourriture avec les drèches de la brasserie voisine et les carpes gonflaient comme des choux de pâtissier. Oui, elles poussaient comme de la mauvaise herbe. Quand les Allemands sont arrivés, ils les ont mises sous séquestre comme tout un tas d'autres choses. Les Allemands ne pouvaient d'ailleurs nous confisquer rien d'autre, parce que papa était malin. Bien avant la guerre, il avait coutume de dire que dans notre famille tous les revenus passaient en nourriture, en boisson ou en divertissements (maman lui reprochait parfois de se les réserver pour lui seul, ces divertissements). Mais ce n'était pas tout à fait vrai, je me souviens des temps où il gagnait assez d'argent et nous donnait tout ce qu'il pouvait ; de magnifiques faisans à l'immense queue chatoyante pendaient dans le garde-manger ainsi qu'un jambon dont on avait le droit de se tailler un morceau à volonté. Mais il y eut aussi des époques où nous recevions la visite des huissiers qui confisquaient nos meubles et nous y assistions au garde-à-vous. Nous trois garçons, nous nous mettions également au garde-à-vous en d'autres occasions, comme lorsque la radio passait l'hymne national *Où est ma patrie ?* Une fois, l'hymne avait retenti lorsque nous étions déjà couchés et nous nous dressâmes debout sur nos lits dans nos petites chemises de nuit et papa montrait fièrement à ses invités comme il nous avait bien élevés, que nous avions la fibre patriotique.

Bref, mon papa aimait ce pays et sans doute plus que

maman qui était chrétienne ; mais pour elle, cela allait pour ainsi dire de soi d'avoir une patrie, tandis que papa, ses ancêtres aidant, l'avait cherchée pendant des siècles avant de la trouver. Et la dernière fois qu'il avait touché une grosse somme avant la guerre, au lieu d'acheter de la nourriture pour faire des réserves, il avait acquis une œuvre originale, un magnifique buste d'un sculpteur tchèque. C'était notre seul bien à l'arrivée des Allemands. Dès le début de la guerre, nous avions déménagé, avec nos meubles et notre buste bien emmailloté, de Prague à Bustehrad, d'où était originaire la famille de papa et où se trouvait son unique étang.

Ce jour-là, lorsque M. le maire vint lui annoncer devant nous :

— Nous confisquons l'étang — il ne s'était pas voûté, il n'avait pas baissé la tête, mais il avait juste répondu d'un ton sec :

— Puissent-elles vous étrangler, les arêtes de mes carpes.

Le maire écarquilla les yeux mais se garda de réagir, il ne voulait pas avoir papa sur la conscience.

Puis papa et mes frères durent travailler à la mine de Kladno, papa s'y rendait sur son vélo qui grinçait le long du chemin en psalmodiant un drôle d'air, on n'en comprenait pas les paroles, mais c'était vraiment particulier. Ce vélo parlait sans doute de l'humiliation et de la révolte d'un homme, il racontait peut-être ce qui advenait dans l'âme de papa.

Et, les uns après les autres, les coups s'étaient mis à pleuvoir sur lui.

Nous savions qu'il se rendait toujours auprès de son étang et de ses carpes. Nous n'avions pas beaucoup de pain, mais il continuait à les nourrir, en espérant sûrement que personne n'allait les pêcher pendant la guerre et que tout irait pour le mieux. Il allait à l'étang de jour comme de nuit, c'était une obsession.

Un jour, il arriva sur la digue entre les peupliers et il resta tout pétrifié. Sur la berge boueuse se tenaient quatre types en uniforme vert tiré à quatre épingles, une canne à la main. Et papa, comme fasciné, s'avança vers eux pas à pas, comme s'il avait voulu leur demander de quel droit ils se permettaient de pêcher dans son étang. Quand le premier, un homme mince en bottes cavalières, se tourna vers lui, il aperçut la tête de mort des SS et un visage hilare :

– Qu'est-ce que tu veux, le Juif ? Tu as des envies de carpe ?

Papa se taisait et la tête de mort ordonna :

– Viens donc te la chercher !

Le lieutenant tira une carpe de son seau et la lança entre papa et lui dans la vase, où la carpe s'enfonçait et allait mourir. Les quatre têtes de mort éclatèrent de rire. Puis l'un d'eux cessa de rire et cria :

– Fiche le camp, Juif.

Papa se retourna et partit, droit comme à son habitude, il n'avait jamais eu peur de personne et les Allemands ne lui avaient pas encore appris à ramper.

L'occupation était horrible partout, mais peut-être encore nettement pire à Bustehrad. Le martyre de Lidice[1] avait touché le monde entier. Mais Bustehrad, papa, maman, mes frères et moi nous avons vu brûler le village, nous avons entendu Lidice qui hurlait au-delà de la colline, j'allais à l'école avec le petit Prihoda et soudain son banc était

---

[1] Le 10 juin 1942, la commune de Lidice, située à 20 km de Prague, a subi le même sort tragique que connaîtra, deux ans plus tard, jour pour jour, la commune française d'Oradour-sur-Glane. (N. d. É.)

atrocement vide, nous y avions joué au foot, papa y avait eu des amis et maintenant des Allemands rentraient chez nous au pas de course, pour faire des perquisitions, baïonnette au fusil. Et notre petite maman blonde était obligée d'aller travailler dans les champs de Lidice et revenait souvent en larmes, car une herbe haute et drue poussait sur les tombes, nourrie des corps et du sang des gens assassinés. Jamais nous n'oublierons le massacre de Lidice, le village est resté arrimé à notre cœur comme une tique qui aurait une croix gammée noire en guise de pattes et de crochets.

Papa en fut anéanti, son regard exprimait désormais cette maudite tristesse séculaire.

Et il cessa d'aller à l'étang, il ne croyait plus que les carpes lui reviendraient un jour.

Puis un coup terrible s'abattit sur la famille. Les frangins durent rejoindre le camp de concentration. Nous restâmes tous les trois, nous leur envoyions parfois des colis de vingt kilos avec des timbres de Terezin. Papa s'évertuait à trouver l'argent et moi j'allais chercher de la nourriture dans les villages et chez les paysans de Bustehrad. Je n'avais rien de particulier, j'étais petit et malingre, je n'avais que douze ans, personne ne faisait attention à moi. Il y eut des gens formidables comme les Burger ou le boulanger Blaha, mais il y en eut aussi qui l'étaient moins. L'hiver, j'allais de village en village avec mon baluchon sur le dos, je frappais aux portails, j'avais froid, dans une ferme j'attendis deux heures dans la cour avant que la fermière ne m'apporte un tout petit sac de farine. Je n'en rapportais jamais assez, mais maman me félicitait toujours, elle me caressait les cheveux en disant :

– Mon petit commerçant.

Et mon plus grand bonheur était d'arriver à mendier

une cigarette quelque part, maman et papa s'asseyaient l'un contre l'autre, ils se la passaient, ils fumaient en rêvant à l'avenir, à quand la guerre serait finie.

Juste avant Noël, papa fut convoqué au camp de concentration.

La vie était déjà plutôt difficile, maman se lamentait qu'elle ne pourrait pas lui donner grand-chose à emporter.

Deux jours avant son départ, papa pelletait la neige devant la maison. Nous devions alors un impôt au Conseil juif, nous attendions une visite de ce Conseil. Une voiture s'arrêta devant la maison, trois messieurs en civil en descendirent et le premier lança aussitôt :

— Regardez ce miracle, un Juif qui travaille.

Et papa :

— Alors que vous, vous vous la coulez douce.

Et le monsieur :

— Qui croyez-vous que nous sommes ?

Papa les examina, il y en avait un qui avait l'air très juif et il dit :

— On dirait tout le Conseil juif réuni.

Le monsieur estima à son tour que c'en était trop, il sortit son insigne et dit :

— *Geheime Staatspolizei.*

La gestapo donc, se dit papa et il répondit tout haut :

— Alors salut au Kaiser.

Il avait dû plaire aux agents de la gestapo parce que l'un d'eux, un moustachu, dit :

— Vous n'êtes visiblement pas un dégonflé alors venez nous montrer ces fusils et ces mitraillettes que vous cachez chez vous.

Et ils inspectèrent la maison de la cave au grenier. Dans la chambre, ils restèrent tout étonnés devant l'arbre de Noël décoré avec du papier d'argent et celui à la moustache fit même un petit sourire à maman. Puis ils montèrent au grenier et là, dans le coin, ils tombèrent sur le paquet avec le buste emmailloté.

Alors ils cessèrent de plaisanter avec papa et l'homme à la moustache arrêta de sourire à maman. Ils forcèrent papa à prendre le buste, le jeter d'en haut dans notre courette bétonnée et ensuite briser les morceaux un par un à coups de hache. Ils partirent et maman, qui avait une certaine expérience en la matière, déclara qu'il y avait encore quelques Allemands corrects. Papa se contenta de cracher par terre. Le lendemain on apprit que le jour de leur passage chez nous, ces Allemands corrects avaient abattu deux familles juives des environs.

Puis nous fêtâmes Noël en avance, papa devait partir le lendemain matin. Les flammes des bougies tremblotaient sur l'arbre, le papier d'argent brillait de tout son éclat et la chambre sentait la forêt. Papa m'avait dégotté quelque part de vieilles chaussures avec des patins, il voulait depuis longtemps me voir devenir un grand joueur de hockey. Et moi je lui avais trouvé chez les garçons de l'école deux paquets de cigarettes pour le voyage au camp de concentration. Mes parents faisaient semblant d'être joyeux, ils fredonnaient des chansons mais ils le faisaient sans doute à cause de moi, pour me laisser un bon souvenir de cette soirée. Ils se sentaient sûrement déprimés, car cela pouvait être leur dernière journée ensemble de toute la vie.

Durant la nuit, quelqu'un me secoua dans le noir.

– Debout, camarade, debout !

C'était papa qui me réveillait, il m'appelait parfois camarade. Je n'avais pas envie de sortir, il faisait un froid cruel dans la chambre. Je claquais des dents, je tremblais de tout mon corps. Je mis mes habits, maman était dans la pièce d'à côté, elle m'enfila mon manteau et mon bonnet. Il se passait quelque chose, mais quoi, je n'en avais pas la moindre idée. Maman me dit :

– Papa t'attend dans la cour.

Je descendis les marches, papa se tenait là, une hache et un paquet de sacs en toile à la main. Je pris peur. Il me fit signe de la tête. Je le suivis sur la neige durcie, cela crissait sous nos pieds en faisant craaac-crac. Papa ne disait rien. Il se dirigeait vers l'étang. Cet étang, le sien, apparut derrière les peupliers comme celui d'un conte, tout gelé, avec, au-dessus, une lune claire. Partout le silence, un silence extraordinaire.

Papa commença par sonder la glace en contre-bas de la maison des Hudecek. Il s'avançait de quelques pas, la surface gelée résonnait sous sa hache comme un orgue d'église. Puis il se tourna vers moi :

– Les carpes étouffent là-dessous. Ils ne leur ont pas ouvert de trous.

Les jambes écartées, il cogna la glace. Ce fut comme un coup de tonnerre dans la nuit et j'eus un frisson. Il dit :

– C'est là qu'on le fait.

Il se mit à ouvrir la glace à coups de hache. Une douche gelée souillait ses vêtements et son visage. Il découpa un carré, le souleva et se tourna vers moi :

– Il faut attendre, camarade. Elles seront là dans quelques minutes.

Je regardais comme envoûté l'eau claire où on pouvait distinguer toutes les imperfections du fond, le moindre caillou. L'eau frissonnait, traversée par ces bulles d'air vital, ce carré d'eau, on aurait dit une source pour abreuver les carpes-pèlerins.

Papa s'y connaissait. Soudain une silhouette sombre et

ovale apparut dans l'onde cristalline et passa en-dessous de nous. Elle revint. Une carpe. Et quelle carpe ! Elle sortit sa gueule arrondie et aspira l'air à la surface de l'eau. Puis une autre. On aurait dit qu'elles étaient grisées, cela leur était tout à fait égal que nous soyons là à les regarder. En quelques secondes, elles se pressèrent à la surface de l'eau, il y en avait de plus en plus. À cet instant un sentiment profond, inconnu, s'empara de papa, il s'agenouilla sur la glace, releva ses manches et se mit à leur caresser la tête et le dos, à les câliner en marmonnant :

– Mes carpes, mes petites carpes.

Il jouait avec elles et elles s'approchaient de ses mains, on aurait dit ses enfants, elles brillaient d'or et d'argent sous la clarté de la lune, elles rayonnaient comme des saintes, jamais de toute ma vie je n'ai rien vu de pareil par la suite. Il les faisait rouler entre ses mains, il les soulevait et les relâchait, sans cesser de marmonner.

Puis il se redressa, la lune éclairait son visage qui reflétait une sorte de satisfaction. Il alla vers les sacs et sortit son épuisette qu'il avait cachée là. Il prit un sac, s'avança vers le trou et sortit la première carpe. Je ne compris qu'à cet instant et une peur terrible s'empara de moi. Je le tirai par la manche :

– Viens, papa, allons-nous en. Si on se fait prendre, on est morts.

Il me regarda d'un œil absent et je sais aujourd'hui que ce jour-là il lui était égal de se faire prendre et massacrer sur place. Il ne pouvait pas partir en laissant ses carpes aux boches.

C'en était fini des câlins. Il fourrait les poissons dans les sacs, nous les emportions à la maison et maman les répartissait dans les réservoirs. Notre maison se remplissait d'eau de la cave au grenier. Les carpes nageaient dans des seaux, dans la baignoire, dans des fûts, les anciens abreuvoirs à chevaux dans l'écurie.

Au matin, lorsque la lune commença à faiblir et que le gel redoubla de force, nous étions transis jusqu'à l'os et comme nous portions les sacs mouillés sur le dos, maman raclait la glace sur nos habits. Mais l'étang était vide, les carpes avaient déménagé chez leur propriétaire, car en fait papa avait volé ses propres poissons.

Le matin, nous l'accompagnâmes à l'autobus de Prague. Il portait une valisette à la main et pour la première fois de sa vie, il avait le dos voûté. Mais cette nuit-là, il avait grandi de plusieurs tailles à mes yeux.

Le même jour nous commençâmes à troquer les carpes contre de la nourriture chez les commerçants et les fermiers. À l'approche de la Noël, les carpes ouvraient les portes et les portails des forteresses les mieux gardées, dès que je montrais ces mémères bien dodues dans mon sac, les fermières exultaient et ma chambrette glaciale se remplissait de viande fumée, de saindoux, de farine, de miches de pain blanc, de sucre, de paquets de cigarettes. Je fus invité plusieurs fois à m'asseoir pour boire du café au lait avec la tresse de Noël, je n'attendais plus des heures près des portes, j'étais tout bonnement reçu comme un roi à qui les carpes avaient ouvert le chemin de la réussite. Bref, le plus prospère de mes Noëls de guerre.

Et l'année suivante, on vint avec des filets vider l'étang bas de Bustehrad. Parmi les pêcheurs circulaient des uniformes de la Wehrmacht : la puissance militaire allemande confisquait les carpes.

J'étais là, parmi les garçons sur la digue, et j'attendais de voir les événements.

D'abord une grande gloire, la clique jouait sur la digue et tout avait l'air prometteur. Mais l'étang était dépeuplé et personne ne comprenait pourquoi. Et moi, je me disais que la musique jouait en fait en l'honneur de mon père qui, avec son étoile de David sur son manteau, avait soufflé la victoire aux Allemands.

ILS PEUVENT MÊME
VOUS TUER

×

À Bustehrad il y avait deux étangs, séparés par une route et une digue avec des peupliers. Je n'avais jamais été attiré par l'étang neuf. Ses berges étaient comme qui dirait froides, faites surtout de pierres et de briques. Le vieil étang, c'était tout autre chose. Une partie du rivage était couverte d'herbe-aux-oies. L'étang sentait bon le ruisseau, celui qui arrivait là en contournant l'auberge des Oplt, et il empestait le purin qui s'écoulait des fermes. Il fleurait bon le vieux saule et la vase où se prélassaient les carpes, et aussi la bière qui fermentait dans la brasserie voisine. Mon attention se portait surtout sur les carpes qu'on venait d'y lâcher. Je n'arrivais pas à oublier ma perche de Krivoklat, ni les barbeaux combatifs que je prenais jadis. J'avais les poissons dans le sang, je voulais retourner à la pêche. Mais à Bustehrad, aucun endroit pour pêcher. Pas un seul ruisseau, pas une rivière correcte. Juste les étangs, et leurs panonceaux : « Pêche interdite ». J'observais les carpes insouciantes qui baguenaudaient dans l'eau, visiblement sans penser à grand-chose. Elles passaient et repassaient d'un coin à l'autre de l'étang, en formation, comme une armée. Elles se déplaçaient en cercles tout en pacageant. Lorsque l'ombre des peupliers s'inclinait vers mon étang, je montais dans un saule et je leur parlais à voix basse. J'avais l'impression qu'elles dressaient l'oreille pour m'écouter. Elles étaient magnifiques, dorées comme du laiton et quand elles faisaient des galipettes dans l'eau et qu'elles se mettaient la tête en bas, je voyais leurs ventres jaunes et grassouillets. Les ouvriers de la brasserie les engraissaient avec les drèches. À cette époque, la chair grasse et goûteuse des carpes nous était indispensable, pour nous, comme pour le troc. Pour les échanger contre de la farine, du pain et des cigarettes pour maman. J'étais resté seul avec maman, les autres étaient en camp de concentration. Je ne connaissais pas encore très bien les carpes. Je devais apprendre à voir si elles étaient de bonne ou de mauvaise humeur, si elles avaient faim ou étaient au contraire repues et si elles avaient envie de jouer. Je devais connaître leurs lieux de passage et les endroits où il était vain de les attendre. Je tenais prête une canne solide et courte, une ligne, un bouchon et un hameçon.

Je ne pouvais pas m'y mettre sans avoir appris à connaître mes ennemis. Les ennemis, c'étaient les carpes, mais surtout les gens. Par les fenêtres du château se faisait entendre sur un gramophone la douce chanson allemande *Lili Marleen* et on servait justement de la carpe lors des banquets. Dans la ville, plusieurs indics tenaient leurs fenêtres grandes ouvertes pour ne rien laisser échapper et tout bien entendre. Et à Bustehrad il y avait aussi M. Frantisek Zaruba, chargé de surveiller les carpes. C'était le premier garde-pêche que j'aie rencontré de ma vie. Il fallait que je le connaisse comme ces carpes. Ses bonnes et ses mauvaises humeurs, l'heure de ses repas, l'heure où il se rendait près des étangs et celle où il n'y mettait pas les pieds. Bref, je devais faire sa connaissance. J'enfonçai bas sur mon crâne la vieille casquette de mon grand-père, j'enfilai ses habits râpés et je sortis en boitillant.

Il ne devait pas me graver dans sa mémoire. Lorsque je le vis pour la première fois, je me figeai sur place. Il était bossu, sa bosse pouvait faire penser à celle du sonneur de cloches de Notre-Dame de Paris, ce pauvre Quasimodo. Et il était petit. Il ne pouvait pas faire de grands pas ou de grands bonds, il ne pouvait pas courir vite. Il ne m'aurait jamais rattrapé. Mais je savais par maman que certaines de ces personnes peuvent être très méchantes. Elles se vengent sur les gens de ce que Dieu leur a fait. J'allais m'entraîner à la course dans le bois du côté de Drin, pour pouvoir m'enfuir en cas de nécessité. Et le soir, je venais observer les carpes pour voir si elles n'avaient pas changé leurs habitudes. À l'heure dite, des ombres noires passaient et repassaient sous le saule. Le lendemain, j'arrivai déjà avec ma courte canne, cachée sous mon manteau. Sur la digue se tenait le patron de l'auberge Josef Oplt qui m'examinait d'un œil, l'autre était aveugle, en verre. Je le saluai poliment, tout apeuré, en faisant une prière intérieure :

— Mon Dieu qui es au ciel ne me trahis pas. M. Oplt, ne me trahissez pas non plus. Notre grand-père Ferdinand ne venait-il pas chez vous jouer aux cartes et n'y a-t-il pas laissé un tas d'argent ? C'est du moins ce qui disait ma grand-mère Malvina. Amen.

J'escaladai le saule, je m'installai et je sortis ma canne. J'y fixai la pâte, en faisant une bouillette appétissante. Le calme régnait autour de l'étang et l'endroit était assez bien caché. La brasserie laissait échapper de la fumée, la bière bouillonnait dans les cuves. Le ruisseau sentait bon et les saules bruissaient. Les Allemands avaient fermé les fenêtres du château parce que le froid était tombé. Les délateurs étaient rentrés chez eux. Frantisek Zaruba était à son dîner. C'est alors que ma première carpe mordit. Le bouchon commença par tressauter comme une danseuse de ballet puis il s'enfonça dans l'eau et vint aussitôt sous le saule. Je donnai un coup sec et je sentis une forte résistance. La carpe était vigoureuse. Elle secouait ma petite canne, puis elle finit par ouvrir la gueule pour prendre une bouffée d'air et abandonna la lutte. Une beauté. Dorée comme du laiton, avec un ventre jaune de brasseur, repu de drèches. J'en pris une seconde et je décampai avec mes poissons comme un chat voleur. Je devais rester le moins de temps possible à l'étang, chaque minute qui passait faisait augmenter le danger. Je dépassai M. Oplt, il fumait sa cigarette sans rien dire.

À la maison, maman me fit un baiser en remerciement de ces carpes, c'était la quatrième année de guerre et il n'y avait plus grand-chose à manger. Et, la pauvrette, elle ne se rendait pas compte que ça ne pouvait se terminer que par un grand malheur. La chose ne tarda pas à se savoir. Quelqu'un avait rapporté. Un guetteur à ces fenêtres délatrices m'avait dénoncé à Zaruba. Je sentais la toile d'araignée se refermer sur moi, je voyais des nuages s'amonceler au-dessus de mon vieil étang. Depuis quelques temps, l'étang me semblait malveillant, il était secoué par le vent, et les vagues venaient heurter les berges herbues avec un clappement menaçant. Même la brasserie paraissait hostile et la bière puait à cent lieues à la ronde. J'avais pris encore quelques carpes et je commençais à avoir peur. Toute notre famille était déjà internée ou morte. On avait entendu dire que la grand-mère Malvina, celle qui reprochait au grand-père Ferdinand ses parties de cartes, avait été gazée à Auschwitz. Couché dans mon lit froid, je voyais en fermant les yeux un avion gris modèle Heinkel avec ses croix noires sur les ailes, qui lâchait ses bombes. J'enfilais mes pantoufles et je parcourais en silence notre maison maudite, morte et terriblement grande. Je passais à pas silencieux près de ma petite maman endormie qui souffrait terriblement, parce qu'elle avait un jour épousé un Juif devant Dieu et qu'elle ne voulait pas divorcer devant les hommes. Je l'observais, elle avait déjà le front ridé, elle faisait les travaux les plus durs dans les champs. Peut-être qu'elle n'avait même pas dîné ce soir. Elle ressemblait à un petit enfant et je me faisais l'effet d'être adulte, j'étais le seul et dernier homme qui restait dans la maison. Je descendis les marches de pierre jusqu'au rez-de-chaussée et je passai et repassai tout autour d'une porte derrière laquelle personne ne vivait, sauf les âmes des trépassés. Jadis, c'était la maison de la postière, Mlle Hassoldova, qui reposait au cimetière de Bustehrad. Partout des araignées avec leur croix sur le dos et leurs toiles. J'entrai dans la cave. Dans le baquet en grès nageait la dernière carpe que j'avais prise. Elle faisait de courts allers-retours, revenant au point de départ quand son museau heurtait la paroi de pierre. Elle ne me prêtait aucune attention, comme si elle savait que je lui avais raconté des histoires en prétendant qu'elle était heureuse de vivre et que je l'avais trompée comme les autres gens qui promettent le paradis. Demain je retournerais à l'étang et je lui rapporterais un frère et une sœur. Ils auraient des yeux ambrés qui éclaireraient comme des lanternes d'or.

Le lendemain soir, lorsque les fenêtres du château se furent fermées et que Zaruba se fut assis devant son dîner, je repris ma petite canne et j'allai sur la digue. Je longeai les peupliers qui perdaient déjà leurs feuilles et dépassai M. Oplt qui se tenait là en fumant. Dans le saule, je pris ma première carpe. Elle était apparue, avait gobé la pâte et s'était enfoncée comme un sous-marin. Je la mis dans ma musette en la couvrant d'un torchon pour qu'elle se tienne tranquille. Lorsque je tentai d'en avoir une deuxième, Zaruba apparut. Il n'était donc pas en train de dîner. Il était aux abords de l'étang à me guetter. Il s'élança depuis le puits en criant :

— Halte, halte, espèce de vaurien !

Il courait lentement, d'un pas lourd. Je pris ma canne et je m'élançai comme un cheval de course. J'arrivai à la hauteur d'Oplt qui se tenait là, sous les arbres. Sans mot dire, Oplt me montra la porte ouverte de sa cour. Puis il dit :

— Boucle-toi dans la remise à bois.

Et au bout d'un moment, j'entendis Zaruba qui haletait et qui se disputait pour quelque chose avec Oplt. Je distinguais aussi la respiration de ma sœur la carpe dans ma besace, mais pour ma part je retenais mon souffle. J'avais terriblement peur. Les gens comme Zaruba sont méchants. Ils peuvent même vous tuer. Peut-être une heure plus tard, M. Oplt vint m'ouvrir la porte, je pouvais rentrer tranquillement chez moi. Le lendemain j'y retournai, en me disant que personne n'imaginerait que je serais culotté à ce point. Oplt n'était plus là, visiblement il ne voulait rien avoir à faire avec tout cela. À peine m'étais-je installé dans mon saule, que Zaruba est apparu. Il tenait un court gourdin dans la main, on aurait dit une matraque, capable de faire sauter la cervelle à un jeunot comme moi. Je compris aussitôt que Zaruba était sage et rusé comme Quasimodo. C'était un ennemi plus dangereux que les Allemands du château et les indics à leurs fenêtres. Il avait repéré mes habitudes et compris que j'avais du sang de braconnier dans les veines. Je ne lui échapperais pas, il allait finir par m'attraper avec son bâton court et solide, et il allait me passer à tabac, ou carrément me tuer. Je le laissai approcher encore un peu. Il criait :

— Halte, vaurien ! Halte, espèce de Juif merdeux !

Mon cœur ne souffrait plus de telles injures, je m'y étais habitué depuis le début de la guerre. Je dégringolai à bas du saule, traversai le terre-plein d'un pas léger et m'enfonçai parmi les peupliers. J'étais le seul de la famille à ne pas avoir de fers aux pieds et de chaîne au cou. Alors je filai comme un oiseau en liberté, dans les champs et par les sentiers jusqu'à la forêt bleue. Je dormis sous les sapins et j'entendis les chouettes dans la nuit. Je revins à la maison seulement au matin. Maman m'apprit que le soir des gendarmes étaient venus me chercher avec des fusils, baïonnette au canon. Ensuite elle se mit à pleurer, elle s'agenouilla devant moi me demandant de ne plus jamais retourner à l'étang. Les gendarmes ne revinrent pas. Notre ami le brigadier Knesl nous apprit que Zaruba était allé à la gendarmerie et avait déclaré :

– Je lui réglerai moi-même son compte, à ce merdeux. Je suis le garde-pêche, c'est mon affaire.

Je faisais maintenant un grand détour en passant du côté des étangs, je me racontais qu'ils étaient pleins de crocodiles et de requins. Et aussi de pieuvres qui allaient m'entraîner dans les profondeurs et cracher de l'encre bleue de la marque Barock pour que maman ne me trouve pas et ne puisse pas m'enterrer dans une tombe silencieuse près de Mlle Hassoldova au cimetière de Bustehrad. L'étang avait cessé d'exister pour moi. Je l'oubliai. Je m'adonnai au foot et à la forêt. Mais il fallait aussi que j'aille travailler. Glaner les épis que nous battions pour en extirper les grains de blé, ou monter sur les terrils, chercher du charbon pour nous chauffer l'hiver. Et ensuite, je ne sais plus comment c'est arrivé, je descendis un jour à la cave et je me retrouvai la canne à la main. La tête me tournait. (Espèce d'idiot, il n'y a jamais eu de requins ou de pieuvres dans le vieil étang. Dans cet étang, il y a seulement des centaines de carpes, mes sœurettes aux yeux dorés.) Je ne pouvais plus y tenir. À la nuit tombante, je sortis de la maison. Je dépassai les peupliers et la digue où il n'y avait personne, j'avais dû sortir un peu tôt, on y voyait encore. Mais j'avançais, je ne voulais pas retourner sur mes pas. Je ne m'arrêtai pas au saule, je m'avançai jusqu'à la pompe au bord de l'eau. Pour le voir de loin, s'il arrivait. Trois chemins menaient jusqu'à moi, un qui contournait l'étang, l'autre, du côté opposé, également au bord de l'eau. Et une troisième ruelle étroite montait jusqu'à l'école. Il ne pouvait arriver que par l'un de ces trois chemins, il m'en restait deux pour prendre la fuite. Je sortis ma canne et lançai la ligne. Je ressentais un bonheur extrême à voir le bouchon se balancer sur l'eau. Elle était verte comme l'herbe de la forêt et elle sentait le poisson. Des grenouilles coassaient au bord de l'étang et depuis la brasserie me parvenait le vrombissement régulier des moteurs. Le bouchon trembla. J'avais les yeux rivés sur l'eau, mais soudain je me rendis compte que quelque chose ne tournait pas rond. Je levai la tête et je restai pétrifié. Le long de la berge avançait vers moi, à pas feutrés, un type que je ne connaissais pas. Et un autre approchait par l'autre côté. Je jetai la canne dans l'eau. Mes jambes étaient comme mortes. Le silence s'était fait près de l'étang, j'entendais mon cœur qui battait le tocsin. Et alors je me mis à détaler. Je sautai par-dessus le rebord du puits et je me précipitai dans la ruelle qui montait vers l'école. C'était ma troisième et dernière issue. J'allongeai le pas et je remarquai de nouveau ce silence dans la ville. Manifestement, toute la ville suivait ma course, et presque toute la ville était de mon côté. Les fenêtres du château étaient ouvertes et des Allemands regardaient, des jumelles à la main. Les fenêtres des délateurs étaient également béantes et des hommes osseux se penchaient au dehors avec leurs dames. Je montais la venelle à longues enjambées. Je pris le dernier tournant. Devant moi apparut Zaruba en personne. Il se tenait au milieu de la ruelle, les jambes écartées comme les hommes noirs de la gestapo qui nous rendaient quelquefois visite pour une perquisition. Et il avait à la main ce court gourdin qui ressemblait à une matraque. Des deux côtés de la rue s'élevaient des murs, on ne pouvait pas voir ce qui se passait en contre-bas. Mes genoux flanchèrent. Il m'attrapa par le bras, je me recroquevillai en attendant le coup. Mais rien ne se passa. Je levai les yeux vers lui. Il m'ordonna d'un ton énergique :

— Allez, crie !

Je ne comprenais pas.

— Vas-y, bordel, gueule !

Je finis par comprendre. Je devais crier pour ces Allemands aux fenêtres du château et pour ces indics. Je me mis à beugler, comme j'avais une fois entendu couiner un cochon qu'on tuait au browning chez mon grand-père Ferdinand et qu'on avait raté à deux reprises. Je beuglais désormais pour de bon, avec la même énergie que j'avais auparavant mise à courir. Zaruba se tenait près du mur et fouettait l'air de sa canne courte et solide. Puis il me secoua et dit :

— Assez.

Nous nous tenions face à face en nous dévisageant. Nous étions les deux derniers survivants de toute la ville. Lui, marqué par Dieu, moi estampillé par les surhommes. Il me demanda :

— Et ton papa ? Il vous écrit du camp ?

J'ai fait non de la tête.

— Et les frangins ? J'ai fait de nouveau non de la tête.

Puis Zaruba s'adossa au mur, il alluma une cigarette comme s'il avait été sous la colonnade d'une ville thermale et il prononça un discours d'une certaine longueur :

— Ne va plus au vieil étang. Le nouveau est beau, lui aussi. Tu peux pêcher du côté des fermes, personne ne te verra, tu seras vraiment à l'abri. Et je pense que les carpes y sont encore plus goûteuses, dans le nouvel étang. Mais vas-y seulement à la nuit, quand il n'y a pas de lune. Je le regardais comme médusé. Je fis oui de la tête. Puis il ajouta :

— Et maintenant va-t'en en boitant. Il faut boiter jusque chez toi, comme la première fois où nous nous sommes croisés, là où tu avais cette grande casquette enfoncée jusqu'aux oreilles et tu boitais pour que je ne te reconnaisse pas. Tu sais, la fois où tu m'as étudié, pour voir de quoi j'avais l'air. Et je l'entendis encore, qui disait dans mon dos :

— Et mets un peu d'anis dans ta pâte à carpes. Elles aiment ça et mordent tout de suite.

J'ai remonté la ruelle en boitillant. Et lui est descendu vers le vieil étang. Il brandissait sa canne et sifflait cette belle chanson allemande qui parle de Lili Marleen. C'était vraiment une belle chanson, elle n'avait pour seul défaut que d'être tant aimée par les membres des SS. Je me dirigeai vers la maison, je boitais tout en inspectant l'étang neuf. Des carpes s'y amusaient près de la surface et faisaient des ronds gros comme des roues de voiture ou de brouette. Ces carpes-là vont sûrement mordre à ma pâte anisée. Il faut juste que j'attende un jour ou deux, que les nuits deviennent bien noires.

LA LONGUE LIEUE
×

La fin de la guerre était dans l'air comme une espérance. Les deux étangs de Bustehrad avaient été pêchés et les carpes avaient été mangées. On n'avait pas repeuplé les étangs parce qu'on n'avait plus de quoi. Le stock d'alevins était épuisé, tout comme s'épuisaient les dernières munitions. Et tout le monde s'en fichait sans doute, d'autres préoccupations étaient à l'ordre du jour. Mais moi, les poissons me manquaient. Je parcourais la campagne en quête de ruisseaux. Ces derniers s'écoulaient lentement à travers la steppe de terre-noire, ce n'étaient pas des rubans argentés ou des colliers de princesses, ils étaient sombres comme le ciel de Kladno ou même le charbon noir de la mine. Quelques-uns seulement abritaient des poissons. Mais des poissons à trois francs six sous. Des goujons et des loches d'étang. Le genre de fretin qu'on mange cru quand on a très faim ou que croquent les chercheurs d'or dans les récits de London. Des ablettes argentées comme ces pampilles sucrées qu'on accroche au sapin de Noël. Parfois, sous les berges herbues, on trouvait des écrevisses petites comme des crevettes de mer. Elles agitaient la queue et me faisaient les gros yeux lorsque je les attrapais dans leurs abris à fleur d'eau. Il n'y avait là rien d'intéressant à se mettre sous la dent, ce n'était qu'un grand aquarium avec, pour parois, en guise de vitres, les berges de chaque côté, du sable au fond, et en haut le ciel. Et tout autour fleurissaient des myosotis qui disaient souviens-toi. Je me souvenais de mes frères Hugo et Jirka. Auparavant, nous dormions dans deux lits dans la même pièce froide. Tous les soirs, je devais gratter le dos de Jirka, sinon il ne pouvait pas s'endormir. Il me donnait une couronne en échange. Et Hugo, ce noble aristocrate, n'arrêtait pas de faire claquer sa langue. Il nous montrait comment marchait le moulin des Konicek. C'est là qu'il travaillait en tant que commis, ou plutôt garçon à tout faire, gratuitement, en échange d'un peu de farine et d'un mot aimable, à décharger le blé et vider les sacs. Il avait un vieux vélo avec une remorque et il livrait le pain dans les fermes. Le plus souvent, il conduisait le vélo à la main pour monter ou descendre les côtes, sinon la remorque aurait pu le faire tomber. Les fermiers livraient du bon seigle et recevaient un pain extra dont le parfum merveilleux se répandait partout où il passait avec son vélo. Pour dîner, Hugo avait du pain, du fromage piquant à tartiner et de la bière maison. Il dormait au moulin sur un châlit. Au moment de partir en camp de concentration, son beau visage s'est penché au-dessus de mon lit, il a pris mes joues entre ses mains brûlantes et il m'a chuchoté son secret spécial :

— Quand ça ira vraiment très mal, va chercher la grand-mère carpe au moulin des Konicek. Ils l'ont ratée en vidant l'étang, elle a dû se cacher entre les racines. Personne ne sait qu'elle est là. Elle se tient, l'aïeule aux barbillons, sous le vieux saule tout au bout de l'étang. Je l'ai nourrie au pain maison pour la prendre moi-même. Mais moi, je n'en ai plus besoin. Lance-lui du pain et elle viendra.

Bien du temps s'était écoulé depuis ce jour. Que devenait Hugo ? Peut-être qu'à la place du pain estampillé, il poussait des charrettes de cadavres pour les emmener à l'incinération, et ces morts avaient un numéro tatoué qui ne leur servirait plus ni sur terre ni au ciel. Il paraît que le Bon Dieu vous reçoit au ciel dans un tout autre ordre. Nous, nous vivions encore là. Maman. Moi. Voilà pourquoi je partis à l'étang du moulin chercher la grand-mère carpe avec ses quatre barbillons. Elle devait être devenue très rusée ou au contraire tout à fait bête. J'avais dans la poche un morceau de pain maison, cadeau de la boulangère, Mme Blahova. J'en avais déjà dépiauté une ou deux bouchées, mais ensuite je m'étais retenu et j'avais gardé le reste pour la carpe. Je me faisais une grande joie d'aller au moulin. Dans mon esprit, c'était un moulin de conte de fée, habité par des farfadets, les Patzoufracks. Je m'étais préparé pendant des semaines avant de m'y rendre et lorsque je partis, je fredonnais une chanson que maman m'avait apprise :

Elle allait au torrent, à la pêche au gardon.
Aux pêcheurs, les ablettes, aux meuniers, les fillettes.
Les brasseurs, ces gars fiers, i'z'auront les rosières.

Je montais vers le château en longeant les champs de Lidice. En contre-bas, à l'emplacement du village, une équipe de travailleurs allemands s'était mise à l'ouvrage et chantait d'une voix sonore et péremptoire son hymne :

Wir sind die Jugend mit Hacke und Spaten.

Ils retournaient la terre à la bêche et à la pioche pour la rendre méconnaissable même à son créateur. Ils avaient fait sauter à la dynamite l'étang où je me retrouvais jadis avec les gamins de Lidice et ils en avaient dispersé l'eau dans les environs, tout comme l'église. Le petit ruisseau qui arrivait de Hrebec avait été détourné. Ils avaient transformé les pierres tombales de marbre blanc en graviers pour le chemin. En chantant, ils piétinaient les noms et les prénoms des gens qui dormaient ici dans le silence.

Maintenant ils s'étaient tus. Ils allaient sans doute se mettre au travail. Ils préparaient leur dynamite, parce que la bêche et la pioche ne suffisaient pas pour raser les villages blancs de la surface de la terre. Aux alentours s'étendaient les champs de Lidice. C'est là que maman venait travailler, il y avait partout des champs de pommes de terre avec leurs petites fleurs blanches. Les pommes de terre poussaient même sur les tombes des hommes et des garçons exécutés et quand les femmes les arrachaient on aurait dit des cœurs humains. Personne ne ramassait ces pommes de terre pour lui. Tout le monde avait peur. Seule une femme avaricieuse, la Hanackova, en avait emporté chez elle dans son sac et elle était morte dans l'année.

Il y avait du temps pour la carpe. Le soleil se balançait au-dessus de l'horizon et je me souvins que je voulais aller voir la longue lieue. La longue lieue, c'était une bande de route qui menait au terrain d'aviation, bordée de vieux tilleuls. C'était pour moi une notion imprécise, cette longue lieue. Ce pouvait être une longue course automobile ou une longue route, ou peut-être toute la vie. Le grand-père Ferdinand avait même un dicton à ce sujet : *La longue lieue ne fait pas peur, à celui qui est un fonceur.* J'avançais vers cette longue lieue, je grappillai de nouveau un petit bout du pain réservé à grand-mère la carpe. Je sautai par-dessus le ruisseau et je montai la colline. Arrivé au sommet, je vis que la longue lieue n'existait pratiquement plus. On disait qu'un avion de combat Stuka avait voulu atterrir là et avait frôlé les tilleuls. Il avait fait une pirouette dans l'air et était retombé dans les champs. Il s'était brisé en mille morceaux et avait brûlé avant même l'arrivée des pompiers. Avec le pilote dedans. Les tilleuls chenus de la longue lieue l'avaient payé cher. Un général nazi avec sa casquette de général était arrivé sur son char à chenilles et une fois sur place, il avait ordonné : – Qu'on coupe la tête à tous ces ennemis ! – Et ils avaient coupé la tête à tous les arbres, il ne restait plus que les souches. Les gens avaient terriblement regretté ces arbres. Les fermiers les pleuraient comme leurs enfants. Ils se souvenaient d'avoir marché dans leur ombre jusqu'à Prague pour se rendre au marché avec des œufs et du beurre. Ils adoraient la saison du miel, où les tilleuls odorants disparaissaient dans le ciel et les abeilles s'envolaient jusqu'au sommet des arbres. Les fleurs servaient à faire des tisanes pour des villages entiers afin que personne ne tousse, l'hiver arrivé. Et maintenant des chevaux traînaient ces troncs vers les clairières et même si le bois était vieux, il était blanc comme un corps de jeune fille qui n'a pas connu l'amour. Les fermiers rouspétaient en disant que dans le passé, aucun soldat n'aurait pu couper impunément un arbre vivant. Je m'avançai jusqu'au bout de cette longue lieue défigurée, là d'où on pouvait presque apercevoir Prague. Et puis je revins au moulin des Konicek et j'avais mal aux jambes. Le moulin était magnifique, presqu'aussi beau que celui de mon enfance, le moulin de Nezabudice. L'ouverture du grenier se découpait, mystérieuse, c'est sans doute par ici que descendaient les diablotins Patzoufracks, quand le meunier était parti à l'auberge. Les Patzoufracks étaient gentils, ils faisaient mille tours dans le moulin tout en chantant la comptine : *Meunier, tu dors...* Le plus vieux d'entre eux, qui se souvenait encore du roi Jiri qui était passé par là lors de sa campagne militaire du côté de Busteves, était juché sur la cheminée, il chantait comme un coq et la fumée lui rentrait dans le trou qu'il avait sous sa queue de cheval. Cela lui faisait de la chaleur à cet endroit, cela lui faisait du bien, et en même temps il guettait le retour du meunier éméché. J'atteignis le moulin. Le silence régnait, le meunier était visiblement chez lui. Les Patzoufracks n'étaient pas là. Je pénétrai dans la cour et je frappai à la porte de la maison. Quel était donc le nom du meunier ? Puisque c'était le moulin des Konicek, il devait évidemment s'appeler Konicek. Le meunier arriva au bout d'un moment, en boutonnant sa veste sur son corps. Il demanda aimablement :

– Que veux-tu, mon garçon ?
– M. Konicek, est-ce que je pourrais pêcher par ici ?

Le meunier s'appuya contre le mur.

– Je ne m'appelle pas Konicek, ça c'était le premier meunier d'ici.

Je répétai ma demande, sans l'appeler Konicek cette fois-ci. Il répondit :

– Tu peux bien pêcher, mais tu ne prendras rien. Il n'y a que des petites perches. Pas plus grosses que le petit doigt et même ma chatte Lucie n'en voudrait pas. Ce sont les oiseaux qui en ont apporté les œufs sur leurs pattes et leurs becs. Elles ne vont même pas mordre à l'hameçon parce qu'elles ont une toute petite bouche. Mon étang est désormais un étang mort, comme il y a un bras de rivière mort ou un moulin mort. Tu sais quoi, ne va pas à la pêche, entre, on va bavarder.

C'était manifestement un homme bon. Je fis non de la tête et je sortis ma ligne, pour qu'il n'aille pas changer d'avis. Il fit un geste de la main :

– Alors vas-y.

Je savais ce que je savais, j'étais visiblement le seul à connaître le secret de l'étang. Moi et mon frère Hugo. Je partis du moulin vers la digue et j'entendis le meunier crier dans mon dos d'une voix moqueuse :

– Tout ce que tu prendras est à toi ! Tout est à toi !

Et il disparut dans son moulin. Je poussai un soupir de soulagement. Je m'avançai jusqu'à l'étang. Il était petit, un jet de pierre suffisait à le traverser d'un bord à l'autre, et peu profond. Mais beau comme un saladier en porcelaine. Tout au bord tanguait une petite barque avec deux rames et les berges étaient bordées de peupliers avec çà et là un saule. L'eau était verdâtre et propre et on y voyait nager de petites perches, longues comme des feuilles. Qu'avaient-elles donné aux oiseaux, ces perches, en échange de leur transport jusqu'à ce bel étang ? Que leur avaient-elles promis ? Des clous ! C'est la nature qui en avait décidé ainsi. Les perches jouaient comme des enfants, c'était des perchettes, des jouets pour le jeune prince du château. Moi, j'avais d'autres soucis. Je m'avançai jusqu'au saule crevassé tout au bout, là où devait vivre l'aïeule des carpes. Et si le meunier l'avait déjà prise ? Voilà sans doute pourquoi il avait ri ainsi et crié dans mon dos que tout ce que je prendrais serait à moi. N'avait-il pas dit qu'il me donnerait quelque chose en supplément ? La moitié du moulin et son aimable fille, bien sûr.

Le saule du bord s'inclinait au-dessus de l'eau et venait y tremper ses minces feuilles, mais on ne voyait rien sous la surface. J'accrochai l'hameçon sur une longue ligne, j'enfilai le bouchon en plume d'oie, une oie jadis occise par mon père, et je coupai une branche en guise de canne. Je fis une bouillette avec mon pain et je lançai la ligne dans l'étang. Ce pain maison sentait encore bon. Il me faisait terriblement envie, mais il n'était pas pour moi. C'était le pain de la carpe. Je le rompais comme une hostie et je le lançais dans l'étang pour attirer la carpe. Les bouts de pain faisaient des îlots dans l'eau claire. Les îlots flottaient, mais rien n'arrivait. Je me mis à parler tout doucement :

— Petite carpe, grand-mère, viens me voir. C'est moi, le frérot d'Hugo, celui qui t'a nourri au pain maison. Petite carpe...

J'étais aux anges, après toutes ces années, je pouvais de nouveau pêcher en plein jour. Pas de garde-pêche. Mes paupières s'alourdissaient, la longue lieue avait eu raison de moi. Je m'endormis, roulé en boule comme un blaireau, et quand je me réveillai, les derniers rayons de soleil se reflétaient sur l'étang. La canne était inerte et le flotteur ne bougeait pas, mais la surface avait été nettoyée. Le pain avait disparu ! Elle est bien là, l'aïeule ! Elle a bouffé mon pain, elle s'est graissé les barbillons, mais elle n'a pas pris l'appât, la finaude. Elle n'a pas envie de quitter l'étang des Konicek. Je me la représentai, gobant mon pain à la surface de l'eau, ouvrant grand son avaloir. Je lançai dans l'eau les derniers bouts de pain et je me remis à somnoler. La longue lieue m'avait fatigué. (Voilà l'avion en flammes et le pilote en combinaison qui brûle et j'ai pitié de lui, même si c'est un Allemand.) Et lorsque je me réveillai, la canne que je n'avais pas assurée flottait dans l'eau et une grosse carpe la traînait çà et là. Je ne perdis pas de temps à réfléchir. Je devais sauter à l'eau. Je me mis tout nu et j'entrai dans l'étang. Je fus saisi par le froid, c'était l'automne, l'eau était déjà glacée. La vase du fond me passait entre les orteils, ma zigounette s'était toute ratatinée. Je me lançai à la poursuite de l'aïeule-carpe. Les petites perches aux nageoires rouges s'éparpillèrent comme des feuilles multicolores et l'eau se troubla. Ce n'était pas facile. La canne se dérobait devant moi comme un bateau sans passagers et lorsque j'accélérais, elle accélérait aussi et l'eau éclaboussait à la surface. Il fallait que je la fatigue. Je continuai dans ma poursuite. Le meunier apparut sur la digue.

– Qu'est-ce que tu fabriques ?
– Je course la carpe partie avec ma canne.
– Une carpe ? dit-il d'une voix étonnée, puis il cria :
– Sors de cette eau.

Je sortis et lui partit au moulin. Il revint avec une grande épuisette et un sac de toile à farine. Il me regardait, j'étais tout bleu et tout vert et je passais d'une couleur à l'autre en claquant des dents. Il me lança le sac et dit :

– Essuie-toi, tu fais peur à voir.

Je me séchai, mais je devins tout blanc à cause de la farine. Entre-temps, le meunier alla jusqu'à l'étang, il détacha la petite barque à rames. Il lança l'épuisette dedans et me fit signe de monter. J'étais très heureux de le voir venir à mon aide. Il se courba sur les rames et s'élança à la poursuite de la carpe. Le meunier avait une force gigantesque, le petit bateau bondissait presque sur l'eau comme s'il trouvait plus facile de voyager dans les airs. La carpe avait de la puissance, elle aussi. Elle avait peur de la canne qui flottait au-dessus d'elle, elle avait peur de la barque et surtout du meunier. Par moments, son énorme nageoire dorsale fendait la surface. Le meunier jurait, transpirait, appelait à son aide Dieu et le diable, ôtait sa veste. Puis la carpe commit une faute : elle s'engagea dans un coin resserré de l'étang d'où elle ne pouvait plus s'échapper. J'attrapai la canne et la carpe, épuisée, se coucha sur le flanc en respirant lourdement. Le meunier la prit dans son épuisette et la jeta dans la barque. Sur la berge, il la posa dans l'herbe automnale et c'est seulement là que je pus l'examiner de près. Elle avait des barbillons comme un génie des eaux, il ne lui manquait plus que la pipe pour ressembler à un ondin. Et ses yeux étaient très spéciaux, bruns et empreints de sagesse, on aurait dit de petites miches de pain maison. Par ailleurs, elle était dorée comme un rayon de soleil. Le soleil était justement en train de se coucher et cet or se fondait sur les flancs du poisson, comme s'il pleurait et s'écoulait pour retourner à son étang natal. Elle avait les nageoires un peu usées à force d'errer çà et là en quête de nourriture, quand elle n'avait justement pas eu sa ration de pain maison. Le meunier l'examinait aussi, mais pas du même regard que moi. Il dit :

— Qui l'aurait dit ? Une mémère pareille dans mon étang.

Puis il la prit dans ses bras comme un nouveau-né et il partit vers le moulin. Je compris soudain qu'il voulait la garder pour lui et je n'eus que la force de dire ces mots :

— M. Konicek, c'est ma carpe.

Il se retourna et dit :

— Tu es trop petit pour une aussi grosse carpe.

Il entra dans sa cour et moi, je le suivis, encore tout nu et tout blanc. Je ne voulais pas renoncer à la carpe parce qu'elle n'était pas seulement à moi, mais aussi à mon frère Hugo qui l'avait nourrie de son pain. Le meunier posa la carpe sur une planche près de sa remise à bois et il partit. Je pris la tête de la carpe dans mes mains en disant :

— Ma petite carpe, je n'aurais pas dû venir.

Le meunier revint avec un maillet et un couteau. Il lui cassa la tête et coupa les ouïes pour la faire saigner. Ensuite il l'écailla. Les grosses écailles dorées giclaient et volaient de tous côtés, elles retombaient au sol comme une pluie d'or, se collaient au bois, s'accrochaient à mon corps nu et enfariné. Puis le meunier lui ouvrit le ventre et mon précieux pain, sale, non digéré, sortit des boyaux et tomba par terre. D'un coup de pied, le meunier l'envoya vers ses poules qui étaient là à mendier et je me mis à pleurer. Il se retourna et dit :

— Tu es encore là ?

Je le priai de me laisser au moins les écailles.
— Prends les écailles et file. Il fera bientôt nuit.

À genoux dans la boue je ramassai les écailles jusqu'à en avoir les mains pleines. J'allai vers mes habits et je fourrai les écailles dans mes poches. Et là, ça me tomba dessus. Cet énorme chagrin, cet énorme regret. Et cette colère contre ce moulin déloyal dont la cheminée fumait déjà et où on préparait à dîner avec mon gros poisson. Je m'avançai près de ce vieux saule à carpe. Le soir commençait à tomber et dans son tronc au bois mort une lueur apparut, comme s'il saluait quelqu'un ou qu'il lui faisait ses adieux. Je me sentis un peu moins seul. Les fermiers disaient vrai : Les arbres sont vivants et aussi désarmés que des enfants et de craintives bêtes sauvages. J'arrêtai de pleurer et pris le chemin du retour, bien plus difficile encore que l'aller.

Je rentrai à la maison. Maman dormait déjà. Sur la table je trouvai une tasse de lait de chèvre et une tranche de pain noir. Dans ma chambrette, j'étalai les écailles sur la table. D'abord, je les installai en dessinant la forme de l'aïeule-carpe. Puis je les arrangeai en lignes et en rangs, en escadrons et en bataillons et je leur commandais : — Demi-tour droite ! Demi-tour, gauche ! Sus au moulin de Konicek ! — Devant mes yeux, les écailles frémissaient et lançaient des éclairs, c'était une parade militaire qui arrivait pour faire régner la justice sur toute la terre. Puis je m'endormis sous ma couette et dans mes songes, tel un roi, je pardonnais aux félons. Dans mon rêve, les écailles étaient de merveilleuses pièces d'or offertes par le roi des carpes. Chaque pièce représentait l'empereur avec ses favoris, avec une médaille sur la poitrine de son uniforme sous laquelle il était écrit : *Romanum imperarum*. Je criai de nouveau : — Demi-tour ! — Et les pièces se retournèrent, faisant apparaître une croix de Lorraine et le lion de Bohême. Et je vis aussi apparaître le temps du miel, la fête des arbres et celle des abeilles. J'aperçus une belle jeune fille au corps blanc et immaculé comme celui des tilleuls bordant cette fameuse allée surnommée depuis toujours la longue lieue.

INSECTES - PROBLÈME RÉSOLU
×

Le conflit mondial derrière nous, les affaires de papa ne marchaient plus aussi bien qu'auparavant. Le pire de ses chocs fut lorsqu'il alla se présenter auprès de cette fameuse maison Electrolux. Il avait mis le moins usé de ses costumes (marron à petites raies claires) et il avait piqué à sa boutonnière son insigne communiste tout neuf, celui des nouveaux adhérents au parti. Dès que ces messieurs virent papa avec cet insigne, ils le mirent évidemment à la porte.

Papa enrageait, il jeta à la corbeille (à papiers) la montre en or Movado qu'il avait gagnée comme champion du monde, et expédia par la fenêtre l'insigne doré de champion Electrolux. Nous récupérâmes la montre, quant à l'insigne, nous le cherchâmes en vain dans la rue Strossmayer jusque tard dans la nuit.

Maman se lamentait, papa déclarait qu'il allait gagner des tas d'argent dans une autre entreprise et il répétait la seule phrase qu'il connaissait du jargon communiste, à savoir qu'il n'existait pas de forteresse que les bolcheviques n'aient pas conquise.

Il se lança à corps perdu dans le tourbillon commercial d'après-guerre, mais sans grand succès. Il avait vieilli et faisait moins d'effet aux jeunes femmes, celles qui sont les meilleures clientes. Il n'avait sans doute plus autant de charme et accusait une certaine fatigue, après une première guerre, l'Afrique, une seconde guerre et le camp de concentration. Il aurait voulu prendre son envol, mais il était là à battre des ailes comme un papillon blessé.

Il vivait dans le passé, avec le souvenir des années d'avant-guerre où il rentrait à la maison et alignait avec une grande satisfaction des billets de cent couronnes sur la petite table ronde. Il avait raison : cela, il le faisait en véritable artiste, laissant retomber les billets sur la table ou les plaquant dessus. Maman poussait des cris enthousiastes, elle applaudissait et nous les garçons nous étions là, béats d'admiration. Par la suite, il y avait cependant un deuxième et un troisième acte sur lesquels papa ne tenait pas trop à s'étendre : c'est quand il demandait à maman de lui redonner l'argent. Mais ça, nous ne le savions que par ouï-dire et seul le premier acte de la pièce demeure dans nos souvenirs. Quand papa ressassait cela pour la centième fois, maman ne cessait de lui répéter :

– Mon petit Leo, tout ça c'est du passé. C'est triste à dire...

Papa soupirait et le lendemain, il se jetait à nouveau dans la fosse aux lions, comme disent les voyageurs de commerce. Et nous qui le connaissions, nous savions que tout ce qu'on disait sur l'usure de la vie, c'était des bêtises. Il avait une énergie immense. Simplement, il ne trouvait pas d'articles dignes de lui. C'était cela ! Après la guerre, il n'y avait pas de marchandises de qualité, – que de la camelote, pouah ! – comme aurait dit notre grand-mère Popprova de Bustehrad que les Allemands avaient gazée à Auschwitz.

Il fit commerce de boucles de bretelles dernier cri, de pommades contre la gale et de vitrines publicitaires, qui furent sa meilleure affaire. Une bande perforée défilait dans la vitrine, la lumière passait à travers les petits

trous et on pouvait lire ce que cela disait. Par exemple :
RÉPARATION DE BAS EN TROIS SEMAINES,
DE CHAUSSURES EN TROIS MOIS
(Ne vous étonnez pas, nous sortons d'une guerre).

Alors là, ces vitrines, c'était quelque chose, mais ce n'était tout de même pas très glorieux. Papa attendit sa bonne affaire pendant deux ans, comme le désert attend la pluie ou un pauvre, son jour de chance. Papa aussi espérait son jour de chance et il n'arrêtait pas de sourire en l'évoquant.

Puis un beau jour (on dirait presque un conte de fées) la chance arriva. D'une manière particulière, inattendue, comme il en va toujours de la chance. Papa rentra à la maison, il n'était pas très enthousiaste, mais plutôt abattu. Il dit à maman :

— Herma, j'ai plaqué les vitrines.

Maman attendit la suite.

— Un ingénieur, un certain Jehlicka, est venu me voir. Il possède la meilleure marchandise du monde. Je serai millionnaire.

Maman ne lui sauta pas au cou, elle alla droit au fait :
— Qu'est-ce que tu vas vendre ?

Papa répondit, un léger sourire aux lèvres :
— Des attrape-mouches.

Maman blêmit. Après les aspirateurs et les réfrigérateurs suédois, les boucles de bretelles allemandes, l'onguent tchèque contre la gale, cela lui parut être du n'importe quoi, comme si un général étoilé était soudain promu caporal à une sardine. Mis à part le fait qu'elle avait blêmi, maman ne laissa rien paraître, elle s'était déjà habituée à bien des choses et rien ne la surprenait trop de la part de papa. Elle demanda d'un ton narquois :

— Et tu seras millionnaire quand ?

— D'ici à peu près un an. Que je t'explique. Ce ne sont pas des attrape-mouches ordinaires. Papa devint songeur :
— Ils sont spéciaux.
— Et spéciaux comment ?
— Je ne sais pas, l'ingénieur a dit : une bombe de portée mondiale. Nous allons en inonder la Tchécoslovaquie. Et à ces mots les yeux de papa se mirent à briller et il ajouta :
— Et aussi toute l'Europe. Peut-être le monde entier.
— Et toi, tu crois une chose pareille ? demanda maman.
Papa ne disait mot et son regard redevint terne. Maman revint à la charge :
— Tu crois vraiment que tu peux gagner un million avec des mouches ?
— Ma petite Herma, l'ingénieur Jehlicka s'est mis à genoux et il m'a dit que si je ne les lui vendais pas, il allait se tuer. Il a déjà investi beaucoup d'argent dans leur fabrication.
— Pourvu que tu n'ailles pas te flinguer toi-même, pour finir, dit maman d'un ton sceptique. Malgré de nombreux commentaires de maman sur ces mystérieux attrape-mouches, papa se jeta dans la fosse aux mouches de la maison DERSOL. Celle-ci se composait de l'ingénieur Vaclav Jehlicka, un grand homme aux sourcils broussailleux, d'un chauffeur efflanqué nommé Franta Hodek, qui avait pour femme une magnifique polonaise dont mon frère aîné tomba amoureux par la suite, d'une voiture DKW 600, ainsi que de deux grandes pièces avec plusieurs meubles et un tapis de première beauté appartenant au domicile de Mme Jehlickova, qui le leur avait prêté dans l'espoir de faire bouger le commerce de son ingénieur de mari.

Pour activer le commerce, la première action de papa auprès de cette maison fut de vendre immédiatement le tapis persan. L'ingénieur faillit tomber dans les pommes lorsqu'il apprit que papa l'avait emporté sur ses épaules avec l'approbation jubilatoire du chauffeur Hodek (le tapis était trop grand pour rentrer dans la DKW). Il se mit tout de suite un gant mouillé sur la tête, mais il n'osait rien dire, pour que papa ne le laisse pas tomber. La vente du tapis eut cependant deux avantages : l'ingénieur avait pu voir de ses propres yeux la merveilleuse aptitude de papa à la vente et cela avait rapporté un peu d'argent pour la mise de fond.

Mais les papiers tue-mouches, c'est bien connu, n'ont rien à voir avec les tapis. Personne n'en voulait, de ces attrape-mouches. Ils s'accumulaient dans l'entrepôt comme des armes inutiles. Il y en avait des centaines de milliers dans des cartons qui montaient du sol au plafond telles des colonnes doriques, les piles s'élevaient vers le ciel, remplissaient l'entrepôt de gauche à droite, du bas en haut. Papa était pris de vertige à leur vue, cela lui faisait tourner la tête. Et il observait l'ingénieur Jehlicka qui fronçait ses sourcils épais en expliquant les propriétés géniales des attrape-mouches. Et papa, qui était tombé amoureux plusieurs fois dans sa vie, comprit tout de suite que ce monsieur était amoureux de ces attrape-mouches au nom sonore de « BOMBE-CHIMIQUE ». Il les câlinait comme un enfant, un enfant spécial qui devait lui rapporter gloire et argent, ce qui n'est généralement pas le cas des enfants. Quand il parlait de ces attrape-mouches, même sa voix prenait une tonalité particulière, comme celle des gens décrivant leurs favoris sur les stades ou les champs de courses. Et peut-être prenait-elle aussi une intonation sombre, de peur de devoir se brûler la cervelle si papa ne vendait pas son stock, ou du fait de son espoir

de devenir millionnaire quand celui-ci serait vendu. Il demandait fièrement :
— « BOMBE-CHIMIQUE », que pensez-vous de ce nom ?
Papa l'interrogea :
— Et vous en avez vendu combien ?
— Rien du tout, répondit l'ingénieur tristement. Si Jehlicka n'avait rien d'un commercial, il avait néanmoins compris qu'il devait communiquer son exaltation à papa. Il lui raconta qu'avant la guerre il avait passé une semaine à camper dans le massif de la Sumava, il y courait tout nu au milieu des prairies en cherchant un répulsif contre les mouches et en s'enduisant d'huiles essentielles d'anis et de cumin. Des bûcherons avaient voulu l'emmener à l'asile, mais à la fin tout s'était éclairci. Puis il avait suivi une voie prometteuse, mais l'invention d'un Suisse, Müller, avait bousculé ses ambitions. Müller avait découvert une bombe. Des télégrammes avaient traversé le monde entier :
DÉCOUVERTE DU DDT, INSECTES - PROBLÈME RÉSOLU.
— Depuis cette époque, on a fait paraître des milliers d'articles et de publications rien qu'à propos de cette poudre. Un millionième de gramme est létal, M. Popper, affirma l'ingénieur.

Puis il s'empara d'un attrape-mouches et l'ouvrit pour la première fois devant papa, cela s'étira comme un petit accordéon qui n'était pas fait pour jouer, mais pour donner la mort comme la camarde elle-même. C'était une bande de papier ordinaire imprégnée de :

1. miel (attire les mouches),
2. teinture jaune (attire également les mouches),
3. poudre de DDT (mortelle).

— L'attrape-mouches est esthétique et agit de manière

continue tant que la poussière ne le recouvre pas. Et ça, ça veut dire longtemps, M. Popper, bien longtemps.

Papa blêmit, parce que l'attrape-mouches n'en était pas un, il n'était pas collant. Son propriétaire ne pouvait pas observer les mouches agitant leurs pattes dans la glu en attendant leur misérable fin de mouches. Ça, c'était un défaut, un grand défaut chez ce nouvel attrape-mouches. – Merde, ça c'est moche – se dit papa. Et de plus, selon l'ingénieur, la mouche empoisonnée avait tendance à avoir une activité motrice nettement accrue, cherchant à sortir de la pièce. Ça, c'était vraiment la mort de tout commerce : les gens veulent voir de leurs propres yeux leur ennemi trépasser et non s'envoler pour expirer quelque part dans les coulisses. Les gens s'en fichent, de l'esthétique, la plupart regardent même avec un grand plaisir les mouches mourir sur l'attrape-mouches, nos ancêtres n'assistaient-ils pas avec jouissance aux exécutions de leurs êtres chers ou moins chers ?

– Cela vous rend triste, n'est-ce pas ? dit l'ingénieur en faisant lui aussi grise mine. Ils étaient là, assis devant ces millions d'attrape-mouches qui étaient assurément meilleurs et plus esthétiques que les attrape-mouches habituels, sans que personne n'ait jamais réussi à l'expliquer aux clients éventuels. Papa apprit seulement par la suite que l'ingénieur Jehlicka avait déjà essayé huit autres représentants de commerce, mais aucun n'avait pu faire bouger les choses.

Un millier de pensées traversa la tête de papa. Tout d'abord, comme toujours, il s'apitoya sur lui-même, parce qu'il ne deviendrait pas millionnaire, même si tout avait commencé de manière tellement prometteuse par la vente du tapis persan. Puis il se dit que les attrape-mouches empoisonnés étaient une nouveauté, ce qui était bon pour le commerce, excellent même, il y avait là de quoi bonimenter et même un peu plus. Entre temps, la pièce s'était obscurcie, mais dans la tête de papa les choses s'éclaircissaient, également parce qu'il reconnaissait là une dernière occasion de se distinguer, comme un footballeur qui pourrait enfin briller dans son dernier grand match, aussi difficile qu'il paraisse. Et enfin, il avait honte de se présenter devant maman et de lui avouer qu'elle avait eu raison, qu'il n'y aurait pas de millions et que l'ingénieur Jehlicka allait se flinguer. Il avait également pitié de l'ingénieur, assis là sur ses cartons, la tête dans les mains comme s'il voulait en finir au plus vite. Papa s'apprêtait déjà à lui donner une bourrade sur l'épaule, mais à la vue de ce visage gris et triste, il déclara haut et clair :

– Nous allons les vendre, ces attrape-mouches.

L'ingénieur Jehlicka en eut comme un baume au cœur, le lendemain il organisa une excursion à la campagne pour lui et papa avec le chauffeur Hodek qui conduisait la DKW. Au matin, ils suspendirent une centaine de BOMBES-CHIMIQUES dans une grande écurie pleine de mouches et ils passèrent la journée devant la porte, à boire de la bière. À midi, quand papa alla s'assurer que les mouches étaient en train de disparaître, il récolta un bon coup de sabot parce qu'il avait voulu montrer aux jockeys et aux membres de la maison DERSOL combien il comprenait ces nobles animaux.

Le soir, papa, un peu ivre et boiteux, vit un miracle : une écurie sans mouches ! Il n'y en avait même pas un cadavre par terre, elles avaient dû s'envoler pour mourir dans des cimetières inconnus, à l'instar des mammouths du temps jadis. Papa se frotta les mains. Après l'ingénieur Jehlicka, il était le deuxième à se faire prendre à ce nouvel attrape-mouches. Pour le moment, ils n'étaient que deux, comme Don Quichotte et son fidèle serviteur Sancho Panza.

Ce qu'il advint par la suite tiendrait plutôt de la magie que du commerce. L'ingénieur nomma papa directeur de la maison DERSOL. Elle avait donc trois employés : le chef, le directeur et le chauffeur, sans compter les femmes qui fabriquaient les attrape-mouches à la maison. Papa rentra chez nous en annonçant fièrement son changement de statut, maman ne dit mot, mais elle n'en pensait pas moins. Elle continuait à penser que les attrape-mouches BOMBE-CHIMIQUE n'étaient que de la grande camelote.

Papa se lança dans la vente à corps perdu. C'était le printemps, dans les parcs pragois fleurissaient les tulipes, à la campagne le lilas, et les nuées de mouches n'étaient pas encore arrivées. Papa vendait sa marchandise comme si elle devait amener la disparition des mouches à tout jamais. Il était prodigieux. Suggestif. Un jour il m'emmena avec lui. Ses beaux yeux bruns mi-clos, il souriait, gesticulait, écartait tout doute, les clients n'avaient aucune idée de ce qu'il disait et de ce qu'il proposait, ils savaient seulement que c'était de la bonne marchandise et qu'ils ne pouvaient s'en passer. Certains grossistes ne savaient vraiment pas ce qu'ils achetaient. D'autres s'imprimèrent dans le cerveau cette phrase qu'avait prononcée l'ingénieur : LE PROBLÈME DES INSECTES EST RÉSOLU. Papa avait sombré dans l'aventure, c'était depuis longtemps devenu autre chose qu'un simple rôle de comédien, le courant l'entraînait. Et c'était vraiment fabuleux : ne vendait-il pas quelque chose qui aurait été comme du pain qu'on ne peut pas manger tout de suite ou un vêtement à porter un autre jour ? Parfois, il dépliait l'attrape-mouches, il le balançait en équilibre sur un pied comme un saltimbanque, une autre fois il ne déballait rien, parlant du beau temps et des belles femmes de Hambourg, et il décrochait une bien meilleure commande qu'ailleurs. Il y avait juste quelque chose d'incompréhensible : pourquoi les négociants en commandaient-ils une telle quantité, alors qu'ils n'arriveraient sûrement pas à les vendre comme papa ? Mais papa s'en fichait. Il était né pour vendre, comme il y a mille ans un guerrier était né pour tuer.

Au retour du premier voyage d'affaires avec le chauffeur Hodek, il arrachait les bons de commande de son carnet et les plaquait sur la table comme il faisait jadis à la maison avec les billets de cents couronnes. L'ingénieur Jehlicka faillit en tomber à la renverse.

La BOMBE-CHIMIQUE avait donc explosé en Bohême et c'était mon papa qui en était l'artilleur.

Les voitures livraient les attrape-mouches, la poste les distribuait. L'entrepôt se vidait à toute vitesse.

Papa rentrait à la maison comme avant la guerre en apportant de gros bouquets de roses et de glaïeuls, il lançait des billets de cent couronnes sur la table ronde, il débordait de plaisanteries et maman avait fini par retrouver le sourire et déclarait que ces attrape-mouches avaient quand même du bon, en été les bestioles commenceraient à arriver et il faudrait accrocher ces engins un peu partout dans les chambres. Papa était désormais riche comme Crésus, il avait commencé à bâtir une maison de vacances sur un rocher près du barrage de la Vltava au-dessus de Vrany, non, pas une petite villa, une espèce de petit château avec des arcades, qui se voyait de loin et qui rayonnait de toute sa puissance. Nous apportions sur ce haut rocher de la terre dans des paniers et papa plantait des fraisiers et des groseilles à maquereaux.

Mais le plus heureux de tous était évidemment l'ingénieur Jehlicka. Il se trouvait dans une situation qu'on ne connaît d'ordinaire qu'une fois dans sa vie. Il était grisé comme un chef des armées qui, après une première expédition victorieuse, planifierait la victoire sur le monde entier. Pour l'heure, il avait acheté une carte d'Europe, l'avait collée au mur et calculait combien son général Popper allait envoyer de missiles tue-mouches dans chaque pays. La première à tomber fut la Bohême.

Elle gisait aux pieds de papa, il l'avait conquise, partout, dans la moindre petite ville étaient piqués de petits drapeaux rouges indiquant que tel et tel jour le directeur de la maison DERSOL, Leo Popper, l'avait emporté sur les attrape-mouches à la glu (papa continuait à affirmer qu'il allait conquérir toutes les forteresses). Il avait pris la Tchéquie en moins de deux mois et avait rapporté un million à l'ingénieur. Ils avaient de quoi devenir de tout petits millionnaires, mais l'ingénieur Jehlicka avait dilapidé ce million d'une manière ahurissante. Il avait commandé une grande quantité de DDT auprès de la maison anglaise Morgan-Korda, et aussitôt des barils de poudre mortelle avaient traversé la Manche par dizaines. Il avait acheté une Ford américaine pour distribuer la marchandise (trente-cinq litres aux cents), embauché des dizaines de femmes pour fabriquer d'autres attrape-mouches, acheté des tonnes de miel onéreux, de papier et de colorant jaune.

Vint le tour de la Moravie.

Papa n'avait pas très envie de s'y rendre à ce moment-là, les barbeaux commençaient à mordre en contre-bas de notre nouvelle résidence secondaire au-dessus du barrage. Ils ouvraient leurs petites gueules, ils passaient, noirs et argent, dans la rivière et cuits au saindoux et au cumin, c'était un délice. La chose paraît idyllique, mais à chaque fois que ces saligauds commençaient à bouffer, cela signifiait la ruine de notre famille. Généralement papa cessait de travailler.

— C'est toi qui iras en Moravie, me dit-il, et il annonça à l'ingénieur Jehlicka que j'étais le représentant qu'il fallait pour décrocher une grosse commande en Moravie. Cela allait convaincre le plus important grossiste de Prague : si on s'arrachait ces attrape-mouches même en Moravie, lui non plus ne manquerait pas de nous en acheter. Si papa s'y présentait en personne, on aurait des doutes. Cela avait du sens, mais surtout, cela escamotait ces fameux barbeaux qui étaient gros comme des battoirs.

Je ne sais pas où papa était allé pêcher mon aptitude au commerce, je n'avais jamais rien vendu de ma vie, sauf une fois pendant la guerre les onze volumes de Tarzan que j'avais reçus en cadeau de mon cousin Karel Kopriva, et cette fois-là maman m'avait rossé avec le martinet à chiens en me reprochant de surcroît d'autres méfaits, et surtout de ne pas être allé attraper des grenouilles dans la mare pour nourrir les canards. La vente me faisait terriblement peur : je n'aurais jamais pu égaler papa et, du haut de mes dix-huit ans, j'étais incapable de vanter les belles femmes de Hambourg, mais papa fit tout pour dissiper ma peur. Il me fit aussitôt confectionner un costume bleu tout neuf et me commanda un billet d'avion Prague-Brno. Puis il me pressa dans les mains le livre de l'Américain Dale Carnegie *Comment se faire des amis* et il me dit que j'y trouverais tout ce qu'il faut (des années plus tard il m'avoua qu'il ne l'avait jamais lu). Mais une fois dans les airs, ce livre devint mon unique espoir. Je me concentrai sur lui avec tant d'ardeur que je finis même par vomir dessus, dans les trous d'air lors du survol des hauteurs tchéco-moraves.

À Brno, je me rendis chez le grossiste, je brandissais ma serviette avec le livre de Dale Carnegie *Comment se faire des amis* et je me répétais un de ses principes – ne cessez jamais de sourire. Un autre principe que j'avais retenu, était de flatter l'interlocuteur sur un objet précieux de son bureau. Alors, quand je me retrouvai face à un monsieur moustachu d'un certain âge, au lieu de commencer à parler des attrape-mouches, je me mis à sourire (comme un crétin) et à chercher dans la pièce un objet à encenser. Je me dis que dans ce cas ce devait être un meuble et je vantai son magnifique mobilier en chêne. Et ce monsieur se vexa terriblement. Il répondit que c'était du sapin et de la véritable camelote, que c'était sa femme qui l'avait obligé à mettre ça dans son bureau parce qu'elle n'en voulait pas chez elle, et que si je n'avais rien de sérieux à proposer, je n'avais qu'à dégager en vitesse. Alors je dégageai, sans rien oser dire des merveilleux attrape-mouches BOMBE-CHIMIQUE.

Dans le deuxième établissement je préférai me taire et ne pas sourire, bien que là aussi, le mobilier m'eût semblé en chêne et de belle facture. Et il arriva quelque chose d'extraordinaire : ce monsieur, aux cheveux blancs et aux yeux bleus comme des myosotis, commença lui-même par me sourire et me dire que j'étais un beau jeune homme et que j'avais une peau magnifique. Nous parlâmes de tout un tas de choses et il me dit ensuite qu'il aurait aimé m'avoir pour fils et m'invita à passer la nuit chez lui. Là, je commençai à comprendre qu'il préférait les garçons aux filles et je m'excusai parce que j'étais attendu à Prague. Mais je le laissai me toucher et me caresser les cheveux parce que je n'arrivais pas à me représenter papa à mon retour, sa tristesse si je n'avais rien vendu.

La chose tourna à merveille. Ce monsieur commanda cinquante mille attrape-mouches BOMBE-CHIMIQUE et je le quittai avant la nuit. C'était justement ce dont la maison DERSOL avait besoin pour montrer que ces attrape-mouches pouvaient se vendre même dans un pays aussi beau et traditionnel que la Moravie.

Papa fut heureux de cette commande, ses yeux brillaient comme s'il avait bu et il annonça fièrement à maman que je deviendrais un jour le meilleur commercial au monde et un des hommes les plus riches de la planète (malheureusement, il se trompait).

Quand j'y repense, ce fut un jour de grande gloire. Des voitures se dirigeaient vers la Moravie, les ailes décorées de grandes banderoles de toile : MORT AUX MOUCHES ! Les imprimeries crachaient des monceaux d'affichettes vantant les nouveaux tue-mouches. Mon papa finit par se lasser des barbeaux et reprit goût au travail.

Voilà donc où en était l'état des affaires lors de la chute de la Moravie.

D'autres pays seraient tombés, peut-être l'Union soviétique et Monaco, mais quelque chose arriva : L'APPARITION DES MOUCHES.

Elles survinrent en tous lieux et en nombre exceptionnel. Et voilà ce qui aurait dû se produire : les marchands auraient dû présenter les attrape-mouches avec autant de succès que mon papa. Mais les commerçants savent-ils sourire, se balancer sur un pied, prendre un air suggestif et expliquer les merveilleuses propriétés des attrape-mouches ? Et tout cela pour trois couronnes ? Généralement, ils se contentaient d'annoncer :

— Voilà ce que nous avons reçu cette année. Il paraît que c'est bien.

Des milliers de femmes emportèrent des BOMBES-CHIMIQUES chez elles. Puis elles constatèrent qu'elles ne collaient pas. Et après s'être posées sur le papier jaune, les mouches volaient encore plus vite qu'avant. Personne ne les voyait mourir. Il n'y en avait plus dans les pièces ? C'est sans doute le courant d'air, voyez, la porte est ouverte.

— Je vous rapporte votre cochonnerie. Donnez-moi un vrai attrape-mouches à la glu.

Et comme, dans la mer, la vague qui parvient au bout de sa course retourne à son point de départ, cette fois-ci la vague arriva jusqu'à ces sympathiques ménagères et revint vers la maison DERSOL. Mais là, il s'agissait d'un tsunami, du genre à engloutir tout le rivage. Mon pauvre papa était justement assis sur la berge lorsqu'il reçut le premier télégramme annonciateur du danger, au moment même où l'ingénieur Jehlicka se trouvait en Slovaquie en quête de miel extra.

MONSIEUR POPPER, LES MOUCHES NE CRÈVENT PAS, ELLES PROSPÈRENT ! ALLEZ VOUS FAIRE FOUTRE AVEC VOTRE MIRACLE !

Et d'autres télégrammes suivirent, et aussi des lettres et le temps que le chef revienne avec son miel, on vit arriver des envois d'attrape-mouches de clients qui ne demandaient pas à être remboursés. L'entrepôt se remplit aussi vite qu'il s'était vidé. Les attrape-mouches, comme doués de vie, revinrent par la porte et par les fenêtres, mais il n'y avait plus personne pour les ranger ou les retenir, ils s'amoncelaient pêle-mêle et papa, assis sur une chaise, ne faisait que hocher la tête. Les attrape-mouches ne tardèrent pas à remplir les bureaux et lorsque l'ingénieur s'en retourna, il y en avait même sur le trottoir. Il ne le croyait pas, il ne voulait pas le croire, il se contenta de déclarer qu'il devait s'agir d'une erreur. Il allait écrire à tous les clients, leur expliquer et ils allaient demander qu'on leur renvoie ces attrape-mouches, et avec le sourire. Il arpentait le bureau, faisait bonne figure à tous, mais en réalité il pleurait. Papa savait bien qu'il était obligé de se raconter ce genre de bobards, sinon il n'aurait plus eu qu'à se procurer ce fameux revolver. À l'instar d'un soldat, papa savait reconnaître une bataille perdue. En bon général, il retira tous les petits drapeaux des villes où il avait triomphé des attrape-mouches à glu, il les fourra dans une boîte qu'il attacha d'un ruban rose qu'il avait dans sa poche, récupéré chez une de ses maîtresses. Puis il ramassa un attrape-mouches BOMBE-CHIMIQUE et dit à l'ingénieur :

— En souvenir, ce fut une belle aventure.

Et il rentra à la maison par les quais de la Vltava, il regardait les vagues et se disait que ça avait effectivement été une belle aventure, comme un footballeur ou un guerrier aurait repensé à un combat perdu, mais néanmoins magnifique. Il se revit, rentrant à la maison avec ses bouquets et son argent, il repensa à sa débauche de mots d'esprit, à l'euphorie de vendre un article aussi difficile. Il avançait sans cesser de sourire, comme quelqu'un qui aurait brièvement rencontré la chance et ne pouvait pas l'oublier. À notre porte, le sourire mourut pour ainsi dire sur ses lèvres car à la maison attendait maman qui comptait justement sur l'argent. Papa entra et sitôt franchi le seuil, il dit pour être plus vite débarrassé :

— Herma, il n'y aura plus d'argent. Tu avais raison. J'ai tout laissé tomber, c'était de la camelote.

Cela eut pour effet de couper l'herbe sous les pieds de maman et la chose fut réglée. Mais nous comprîmes par la suite que rien n'était réglé et que ça ne s'arrêterait jamais. À partir de ce jour, papa fut fini, comme un boxeur dans le ring après un lourd K.O. Quelque chose lui faisait honte, il avait peur de regarder les gens en face quand il leur présentait un article, cette affaire avait brisé son cœur de commis voyageur.

Puis mon génial papa m'envoya voir l'ingénieur Jehlicka pour obtenir je ne sais quel complément de salaire. Je découvris Jehlicka au bout de deux jours, dans une décharge près de Radotin, assis à côté d'un wagon d'attrape-mouches qu'il était en train de brûler en marmonnant dans sa barbe.

Les attrape-mouches brûlaient à merveille, la poudre mortelle DDT s'était comme évaporée et au-dessus du brasier jaunâtre montait le doux parfum du miel slovaque. Cela attirait les mouches, elles arrivaient par nuées et dansaient leur danse victorieuse au-dessus des attrape-mouches BOMBE-CHIMIQUE en flammes.

Quelques années plus tard, je recroisai l'ingénieur. Il n'était plus aussi grand, il s'était voûté. Il me dit tout à trac :

– Je vous l'avais bien dit, c'est un tube ! Ce sont les Hollandais qui le fabriquent. Cela s'appelle *Fly Killer*. Et vous savez ce que ça veut dire ? Tue-mouches ! Ils en ont inondé toute l'Europe.

Et il tira prestement de sa poche un attrape-mouches qui était le portrait craché du nôtre, sauf que l'emballage ne représentait pas une explosion mais une énorme mouche dégoûtante, transpercée d'une flèche blanche.

– Et ça va, M. l'ingénieur ? lui demandai-je (pour changer de conversation), mais je n'aurais pas dû. Il sourit tristement, fit un geste de la main, les larmes lui montèrent aux yeux et il s'éloigna d'un pas rapide.

Et moi j'avais envie de courir voir papa, pour lui dire qu'il n'avait pas vendu de la camelote, cela aurait peut-être pu le remettre sur pieds. Mais c'était trop tard. Il aurait fallu que je me présente là-haut, auprès du Bon Dieu et là, on n'a plus besoin de rien vendre. Il n'y a sans doute même pas de mouches. Et s'il y en a, et s'il y a quelque chose à vendre, alors papa ne peut l'ignorer. Et dans ce cas, il est déjà dans les lieux...

CHEZ PROSEK
APRÈS LA GUERRE

×

La guerre terminée, je me suis précipité vers Krivoklat. Carrément à fond la caisse. D'abord tout seul, avec mon sac à dos et une unique canne de pêche. Nous étions alors revenus vivre à Prague et j'ai pris un petit train aux vitres sales à la gare de Smichov. J'ai craché dans mon mouchoir et je me suis fait une petite fenêtre ronde et propre sur la vitre. J'ai vu la rivière et ça m'a donné envie de pleurer. Je regardais l'eau printanière et je savais que cette eau de la Berounka, celle qui coulait ici, devait aussi couler là-haut le long de Skryje et sous les barques de l'oncle Prosek à Luh. Tout comme les nuages, la rivière passait par des lieux où nous avions connu le bonheur. Je regardais ses courants, ses poissons qui sautaient au-dessus de la surface, ses moulins sur les déversoirs et les seuils dans les eaux endiguées. Les meuniers qui continuaient encore à moudre et les passeurs qui faisaient l'aller-retour d'une rive à l'autre. Après six ans, je revoyais la rivière. J'avais le visage collé à la vitre pour ne rien manquer du spectacle. J'aimais cette rivière plus que tout au monde et à l'époque j'en avais honte. Et je ne savais pas pourquoi je l'aimais tant. Peut-être parce qu'elle abrite des poissons, ou parce qu'elle est libre, sans entraves ? Parce qu'elle ne s'arrête jamais ? Parce qu'elle bruisse en vous empêchant de dormir ? Parce qu'elle existe depuis toujours et que ses eaux meurent chaque jour quelque part au loin ? Ou qu'on peut y naviguer ou s'y noyer ?

Je ne connaissais pas la réponse alors, j'étais comme un jeune chien qui vient tout juste renifler les effluves aux plus beaux coins de rues.

Dans ma petite fenêtre apparut un château, c'était Karlstejn. Les rois de Bohême avaient un goût semblable au mien. Ils avaient choisi la rivière Berounka et y avaient bâti les châteaux de Karlstejn et de Krivoklat.

En ce qui concerne la limonade, celle qu'on buvait à Beroun était jaune. On change pour le petit train de Krivoklat, direction Rakovnik. On dépasse les frayères à truites où les alevins se baignent et se balancent dans des berceaux de soleil. La voie passe sous l'oppidum de Stradonice où les paysans trouvent dans les champs des statères, des piécettes d'or. On dépasse des scieries qui transforment les arbres en planches et les planches en lits odorants. La rivière coule à présent tout au fond de la vallée. Le soleil parti, elle est pleine de larmes.

Je descends à Krivoklat et je remonte à contre-courant. Je ne suis plus séparé de l'eau par la vitre du train, mon cerveau n'est plus martelé par la machine à vapeur. L'odeur des poissons qui fraient me prend au nez et je sens en même temps la pestilence d'un noyé, un soldat. La brise aquatique fait oublier la tristesse. La rivière aussi est parfois mauvaise et a ses propres purulences. Elle s'assainit en changeant de lieu, comme les glaces à la débâcle du printemps.

Au-dessus de Visnova, elle devient pure. Dans le courant, j'aperçois un groupe de barbeaux musculeux. Ils fouillent le fond en se mettant debout sur la tête. On dirait un troupeau de chevaux sauvages ou de chamois. Ils lâchent des bulles et grognent sans doute comme des porcelets.

Allongé sur le ventre, je les observe. Puis je bouge et ils disparaissent dans les profondeurs.

Plus haut, la rivière ne fait plus qu'embaumer. Comme un myosotis. Comme un nénuphar jaune. Comme la racine sauvage de l'acore. Comme la saulaie. Parfum d'eau.

Je ne m'arrête plus. Je me hâte d'arriver au plus vite au ponton de Luh, comme si je voulais tout rattraper. Je passe le déversoir. Le Rocher des Sima. *Sous le Rocher des Sima, y'avait deux poivrots...* Je cours. Le sac tressaute sur mon dos et fait boum ! boum ! Comme mon cœur. Je monte le sentier étroit près de l'acacia, vers la bâtisse du passeur.

Pourvu qu'ils ne soient pas morts (on aurait eu un faire-part). Pourvu qu'ils soient chez eux. Pourvu qu'ils ne soient pas malades. Pourvu qu'ils ne m'aient pas oublié. Pourvu qu'ils me reconnaissent.

Je tambourine à la porte. Personne ne vient ouvrir. – Tu arrives trop tard. Ton enfance s'est envolée. –

Je m'assieds devant la maison et j'attends. Bientôt l'oncle Prosek arrive avec des branches d'osier. Je me jette dans ses bras et il me serre timidement, il n'a pas l'habitude de faire des mamours même à ses propres enfants. Il me parle et je me rends compte que nous avons vieilli tous les deux. Nous avons dû parcourir un long chemin inconnu. Une route qui se poursuit. Elle arrive jusqu'au but et là, il n'y a plus de retour.

L'oncle Prosek me sert de sa fameuse soupe aux pommes de terre à la mode de Branov. Elle contient des cèpes et du vert de céleri qui flotte sur le dessus. Il me regarde en silence, puis il finit par demander :

– Alors, pour la pêche, tu iras où ?

UNE BIEN
PETITE TRUITE

×

Pour la pêche, je suis allé au ruisseau de Skrivan. C'est là que nous venions déjà à l'époque où je suçais ma tétine, installé dans mon landau blanc. Jadis, un type extra du nom de Jarka Franek s'était installé avec sa femme sur ce beau torrent. Il avait été éclaireur en Indochine, dans l'Annam. Et quand il est revenu, il a bâti à la croisée des routes poussiéreuses, en contre-bas de Nezabudice, un kiosque en bois qui vendait de la bière, du rhum et de la limonade jaune, et il l'a nommé Annamo. Il a peint les murs en marron puis il a édifié un peu plus loin sur le ruisseau un restaurant en dur, À l'Éclaireur. Il avait gardé un cœur d'éclaireur durant toute sa vie, mais un jour, pendant la guerre, les Allemands ont fini par le lui massacrer, ce cœur, à la prison de Plötzensee. Cette dame sur le balcon, c'est sa femme, Mme Frankova, une femme courageuse. Elle est mince, avec des cheveux couleur aile de corbeau. Lorsque les nazis l'ont emmené, il lui a dit en guise d'au revoir :

— Ne quitte jamais l'Éclaireur.

Elle est restée là, seule, dans les forêts de Krivoklat. Elle approvisionnait les parachutistes qui venaient chez elle jouer au billard tout en surveillant la route, pistolet au poing, pour guetter les Allemands avec leurs blindés.

Elle préparait de la soupe aux pois pour les pêcheurs et les routards.

Ça y est, elle m'a vu, elle me hèle depuis son balcon :
— Que tu as grandi, mon garçon.

Je souris, je suis content d'avoir grandi. Qui ne le serait pas ? Moi, je le suis. J'aime Mme Frankova, je ne sais pas pourquoi. Sans doute parce qu'elle est gentille et qu'elle a aimé M. l'éclaireur. Et aussi parce qu'elle n'a pas eu peur des nazis dans leurs blindés. Je voudrais lui offrir un jour un cadeau de valeur, une voiture ou une moto, pour qu'elle puisse se rendre à Krivoklat de temps en temps pour ses commissions, et venir nous voir à Prague.

Je continue d'avancer sous les cerisiers en fleurs du jardin. Le vent souffle, déclenchant une tempête rose, les fleurs maculées de rouge tombent en s'enchevêtrant.

Au-delà du jardin s'ouvre la vallée en direction de Skrivan. Silencieuse, on y croise rarement quelqu'un. Une alternance de prairies, de champs, de montées et de bois. Quelque part chante déjà le coucou, dans les prés en fleurs bondissent les sauterelles de l'année, encore petites, avec des mollets chétifs.

Je suis arrivé à mon ruisseau.

L'eau y est haute, un peu trouble, on ne voit pas de truites. Je n'ai pas de canne. J'ai eu peur d'en apporter une ; à l'occasion, je prendrais une truite à la main. Je me suis avancé en remontant jusqu'aux champs et à la maison forestière Gypsarna. De la fumée sort par la cheminée, alors je me recroqueville sur moi-même et je me glisse le long de la rive à l'instar des vrais braconniers. Je me déchausse et c'est délicieux, l'herbe me rafraîchit et chatouille la plante des pieds, comme si elle voulait me dire quelque chose. Après les pavés pragois, c'est du baume au serpolet. Dans le ruisseau j'aperçois par moments une truite qui se prélasse sur le haut-fond près d'un trou d'eau et guette ce que le courant va lui apporter. Dès qu'elle me voit, elle part vers les profondeurs.

Dans une des maisons forestières sur ce cours d'eau vivait Karel Kalous, un garde-chasse en retraite. Il paraît qu'il avait bon cœur, mais il ne le montrait jamais. Il abreuvait tout le monde d'injures qu'on ne peut pas toutes répéter. Nous ne sommes devenus amis que par la suite, je lui faisais frire des truites fraîches à la poêle, il recrachait les arêtes dans le feu en disant qu'il aurait préféré du porc. Il invectivait également sa vache qui se sauvait toujours et le service des retraites qui ne lui envoyait pas assez d'argent. Il m'injuriait moi aussi, mais j'en riais parce que je le connaissais déjà et je me sentais bien avec lui.

Mais là, je ne suis qu'un gamin qui a grandi, comme a dit Mme Frankova. Il me fait terriblement peur. Je rase les murs de la maison forestière. Rien ne lui échappe, il m'a vu. Il se met aussitôt à crier :

— Où cours-tu espèce de vaurien ? Petit chenapan ! Espèce de vermine ! Je vais te tuer comme un sanglier !

Et le voilà qui part chercher dans la maison un hypothétique fusil, en se balançant sur ses jambes lourdes. Je ne sais pas encore qu'il ne possède pas de fusil, alors je m'élance par la saulaie comme un gibier aux abois. Je ne m'arrête que derrière un gros rocher. Il ne me suit pas. Je le vois qui se soulage dans la forêt, parce qu'un jour la tempête lui a emporté son cabinet et qu'il ne l'a pas reconstruit.

Derrière chez Kalous il y a une zone à grosses truites et le ruisseau se fait plus étroit. Il y a de jolis trous d'eau profonde et des recoins tranquilles où des chevreuils et des biches viennent souvent s'abreuver, et parfois même un cerf s'y égare, gros comme une génisse.

Soudain, j'aperçois une truite dans un trou. Un trou plutôt petit. Je me mets en short et j'entre dans le ruisseau. L'eau est glacée. Je sais que pour saisir la truite il faut y aller à deux mains, pour l'empêcher de s'échapper sur le côté. Je plonge les bras dans l'eau. Pendant un long moment, je ne sens rien et soudain je la touche. Nous avons sursauté tous les deux. Elle a un corps froid de poisson. Dès qu'on frôle une truite, la passion s'empare de vous, depuis le bout des doigts jusqu'au cerveau. Je la trouve de nouveau. Elle s'insinue entre les racines pour se mettre à l'abri. Elle est plus grosse que je ne pensais. Je l'effleure encore. Mais elle est coincée entre les racines et s'enfonce de plus en plus profond.

Pour la sortir, il faut que je la tue. Je pars chercher mon couteau sur la berge. Puis je me remets à l'eau.

Elle n'a pas quitté son trou, elle a manqué son unique chance de fuir alors que j'allais chercher ce couteau. Je me mets à la darder et à la taillader. Elle s'est immobilisée et je la sors, morte. Elle n'est pas aussi grosse que j'avais pensé. Elle est carrément petite. Et son corps n'est que plaie et balafre, ses taches orange vif sont coupées en deux. Mais je suis heureux. C'est ma première truite. Je l'enveloppe dans mon mouchoir crasseux et je retourne à l'Éclaireur.

Devant l'auberge, l'idée me vient d'en faire cadeau à Mme Frankova. Elle n'a pas mangé de viande depuis Dieu sait quand, et pas de poisson non plus. Je frappe à la porte de la cuisine. Elle me sourit et dit :

– Qu'y a-t-il ?

– Je vous ai apporté quelque chose, Mme Frankova.

Je sors mon mouchoir, je déballe la truite et je la pose sur le banc. Elle ne dit rien. Puis, au bout d'un moment, à voix basse :

– Celle-là, tu aurais pu l'y laisser encore un peu.

Je sors de la cuisine à reculons. Je cours jusqu'à la route, et là je m'arrête. J'ai réussi mon coup ! Voilà donc la voiture et la moto dont je voulais lui faire don.

Et pour la première fois de ma vie, je me dis :

– D'où nous vient cette envie de tuer ? D'où nous vient ce sang de braconnier ?

Plein de honte, je me mets à courir comme un voleur qui sait qu'il continuera à voler parce qu'il y a pris goût.

Près de la rivière, j'ôte mes habits et je nage pour me purifier, comme les pécheurs dans ce fleuve indien, le Gange. Je ne pense plus à rien. Parce que la rivière, ce n'est pas un ruisseau. La rivière, c'est le puits profond de l'oubli.

PUMPRDENTLICH

×

Papa avait bien vieilli dans son cheminement par le monde et cela se voyait aussi dans sa façon de pêcher. Il continuait d'espérer qu'il allait enfin prendre ce gros poisson, la prise de sa vie. Mais les gros poissons, c'est compliqué. S'ils mordent et que la ligne est trop faible, ils la cassent, et si on y va avec une grosse ligne, alors le plus souvent ils ne mordent pas. Et puis, c'est la plupart du temps comme dans la vie : plus on désire quelque chose, moins on a de chances de l'obtenir.

Au barrage de Skochovice, papa avait ferré à peu près cinq silures ou poissons-chats. L'un d'eux l'avait même tiré avec sa barque sur la longueur d'un terrain de foot. Et après il avait encore cassé la ligne.

Papa avait tout de même fini par prendre un silure de cinq kilos environ avec des moustaches et de petits yeux mystérieux. On aurait dit un veau noir. D'abord, papa en avait été très heureux. Mais il se rendait tout de même compte que ce n'était pas le silure de ses rêves et quand il nous le montra, il dit :

– Celui-là, il est *pumprdentlich*.

Papa n'avait jamais su ce que ce mot signifiait exactement, mais il l'employait avec délectation. C'était, paraît-il, comme si une belle dame en robe de bal ou en magnifique manteau de fourrure passait par là, tout le monde la regarde bouche bée et vlan, elle marche dans une merde.

Le silure était beau, comme cette dame en robe de bal, mais malheureusement ce n'était pas un géant.

Papa l'installa dans notre grand puits sous le bouleau mais ça, il n'aurait pas dû. Car il partit ensuite à l'auberge des Hartman pour annoncer au monde entier qu'il avait pris un silure. N'y allait-il pas depuis longtemps de sa réputation ? L'auberge chez Hartman était pleine de monde, l'humeur était excellente. Papa acheta des cigarettes et tout en parlant avec l'aubergiste, il laissa échapper :

– Voilà, j'ai pris un silure.
– Combien ?

Manifestement, papa s'attendait à cette question. C'est pourquoi il répondit, comme à la maison.

– Il est *pumprdentlich*.

Et il se représenta cette dame en robe de bal au bord du trottoir, frottant son talon aiguille avec un papier.

Seulement l'aubergiste n'avait pas le sens du vocabulaire intéressant et encore moins d'imagination. Il demanda à nouveau d'un ton impatient :

– Combien il fait, ce silure ?

Papa lâcha :

– Vingt.

Ce n'était pas rien, mais ce n'était pas beaucoup non plus. C'est juste ce qu'il fallait pour gagner le respect. Puis il s'assit et commanda un grand guignolet, le seul alcool qu'il lui arrivait de boire. D'abord parce que c'était sucré comme une sucette, ensuite parce que ça lui rappelait le cerisier derrière l'école de son Bustehrad natal, où il allait marauder des cerises quand il était gamin. En buvant cette griotte, il réentendait le cri des étourneaux qui s'envolent en protestant de devoir laisser les arbres aux gamins, puis les cris du fermier accourant un bâton à la main.

Entre temps, la nouvelle circula dans l'auberge chez Hartman, ce fameux repaire de pêcheurs et de routards, que le vieux Pavel avait pris un silure. Et parce que les clients avaient besoin d'aller faire pipi et qu'ils voulaient aussi prendre un bol d'air, l'un d'eux, un peu parti, proposa d'aller voir ce silure. Les autres acceptèrent.

Papa ne put s'y opposer, parce qu'il y avait parmi eux de nombreux pêcheurs qui voulaient tout examiner de leurs propres yeux. Papa envisagea prestement de leur payer un tonnelet de bière, mais rien ne les aurait arrêtés, pas même un chien-loup aux yeux injectés de sang.

Les clients quittèrent l'auberge sur des jambes de plomb et se dirigèrent vers notre maisonnette « Herma » en braillant et en chantant, pour mesurer et peser ce silure qui appartenait à la catégorie des grosses prises. Papa les suivait, tête basse. Dieu sait pourquoi, ils beuglaient une chanson de bouchers : *Le boucher est énergique : sitôt levé le matin, il s'en va dans sa boutique, avec un verre à la main...*

Dans la petite maison, la délégation fut accueillie par Herma, notre frêle maman. Elle comprit aussitôt de quoi il retournait car elle connaissait bien son mari, elle partageait sa vie depuis fort longtemps. Et aussi parce que papa, à l'arrière, lui faisait des signes frénétiques pour qu'elle fasse quelque chose. Un pêcheur dénommé Dusek rota et prononça ce discours :

— Ma petite dame, nous sommes venus examiner ce silure que votre petit mari a pêché.

Et il lui fit une révérence. Maman comprit promptement qu'ils n'étaient pas encore en état de voir le poisson, alors elle les invita à s'asseoir sur la véranda et dans la maison. Ils ne se firent pas beaucoup prier. Elle leur offrit toutes nos réserves. Du salami hongrois, des poissons marinés, de la mortadelle, du saucisson cuit de cheval, elle ouvrit des conserves et des bouteilles de vin ou d'autre alcool. J'aidais à servir, papa s'était éclipsé quelque part. Notre maisonnette sur le rocher ne fut bientôt plus une villa de vacances, mais devint un paquebot sur des vagues déchaînées. Elle se balançait, tanguait et chantait : *Papa, maman, quels bringueurs, v'là leur vache qu'est en chaleur, boit le papa, boivent les gosses, v'là un veau en chair et en os...*

Ils passèrent ainsi encore une bonne heure à boire et à manger, et à ce moment maman jugea que l'heure était venue. Ils étaient torchés, mais ne vomissaient pas encore. C'était le bon moment pour évaluer le poids et la mesure de ce silure de la catégorie des grosses prises. À titre de précaution, maman sortit avec Dusek qui faisait autorité parmi les pêcheurs et elle lui murmura quelque chose à l'oreille. Dusek répondit :

— Vous pouvez certainement compter sur moi, ma petite dame.

Notre papa, tout pâlichon, rappliqua d'on ne sait où.

L'expédition atteignit le puits sous le bouleau. Dusek regarda longtemps à l'intérieur en se retenant à la bordure de tôle pour ne pas tomber dedans. Au bout d'un moment, il dit :

— En tenant compte du fait que l'eau rapetisse, ce silure fait bien plus de vingt.

Les autres aussi regardèrent dans l'eau. Personne n'osa plus mettre sa parole en doute. Soit qu'ils ne voyaient pas du tout le poisson au fond, soit qu'ils ne voulaient même pas le voir. Sauf le petit Peterka, qui vint semer le trouble parce qu'il disait toujours la vérité quand il était soûl. Il regarda dans le puits et s'écria :

— Hé, il est tout petit ! Je vais lui faire une bise !

Et il se mit en caleçon en disant qu'il allait tenir compagnie au petit silure, comme sous une couette. Ils l'entraînèrent autre part. Enfin, tous s'en retournèrent en chantant à l'auberge chez Hartman, sauf papa, resté à la maison pour aider à ranger la vaisselle et les verres sales, ce qu'il ne faisait jamais d'habitude. Et maman ne disait rien, parce qu'elle savait que c'était totalement inutile. Bientôt, tout Skochovice apprit que le silure de papa devait bien faire cinquante kilos. Manifestement, il avait bien profité dans notre fontaine.

Pour moi, l'aventure eut au moins un avantage, je compris un peu le sens de ce terme *pumprdentlich.* Une merveille qui ne vaut pas mieux qu'une merde...

LA COURSE DANS PRAGUE
×

Après la guerre, lorsque le parti communiste devint l'une des puissances dirigeantes du pays, mon père se hâta d'y entrer. Il emmena avec lui maman et mes frères. Moi seul, j'étais encore trop jeune pour ce genre d'affaires. Papa entra dans ce parti communiste, fasciné comme beaucoup de gens par l'Armée rouge, sitôt sa descente de la carriole d'un Russe, un petit soldat chevelu, qui l'avait amené avec son cheval jusqu'à Bustehrad. Papa croyait aussi que les Bons avaient enfin pris le pouvoir, ceux qui n'allaient pas répartir les gens en blancs et colorés, en Juifs et non-Juifs. C'est du moins ce qu'ils promettaient tous dans leurs discours et dans leurs livres, à commencer par Lénine.

Au retour du camp de concentration, ma famille profitait de la vie. On allait danser dans les bars Belvédère ou Barbarina. Le vin coulait à flots, comme si on voulait rattraper les années de misère, de disette, d'humiliation. Nous fréquentions alors Arnost Lustig qui faisait ses études et allait en boîte avec mon frangin Jirka. Lustig aimait plus que tout danser avec maman, c'était un bon danseur, on aurait dit une brise flottant au-dessus du parquet, et maman aimait valser avec lui parce que papa piétinait et soufflait comme un éléphant. Maman était très belle et Lustig était un peu amoureux d'elle. Un jour, un monsieur blond, grand et beau, vint l'inviter sur la piste, et papa donna son accord. Ce monsieur commença à lui faire la cour et au milieu de la danse, il lui dit :

– Vous êtes tellement belle, en la mangeant des yeux.

Maman sourit, quelle femme n'aurait pas été flattée ?

Et alors ce beau monsieur ajouta :

– Mais je voudrais savoir, qu'est-ce que vous avez de commun avec ce Juif ?

– Trois enfants, répondit maman qui termina la danse et revint s'asseoir auprès de papa.

Au Belvédère, papa fit la connaissance d'un Américain, Johny. Il était beau comme une jeune fille et avait des mains comme des battoirs. Papa disait toujours qu'à sa vue, les filles tchèques ôtaient aussitôt leurs habits, mais moi, j'avais seulement quatorze ans et je ne comprenais pas ce que cela voulait dire. Je sais néanmoins aujourd'hui qu'elles se déshabillaient surtout parce qu'il n'y avait pas beaucoup d'Américains à Prague et que Johny était sans doute unique. Et c'était vraiment un as, il avait piloté un avion de chasse contre les Allemands, il en avait abattu plusieurs avant de se faire descendre et devenir un peu invalide, claudiquant légèrement de la jambe gauche. Mais il était toujours aussi courageux et tout le monde se sauvait quand il traversait Prague avec sa jeep – modèle Willys. De plus, il occupait une haute fonction dans l'UNRRA[2] qui voulait aider les Tchèques, il avait les poches pleines de dollars et offrait à papa des galons d'essence, des milliers de cigarettes américaines, des pull-overs, du café, des conserves et des paquets de chewing-gum. Papa acceptait cela sans complexes en tant que membre du

---

[2] L'Administration des Nations Unies pour le secours et la reconstruction, 1943-1949. (*N. d. É.*)

parti, même si cela venait d'un Américain. Qui d'autre devait bénéficier des marchandises américaines sinon les Juifs, qui avaient souffert plus que n'importe qui ?

Avec cela, Johny avait un cœur d'or. Il disait qu'il avait des ancêtres quelque part en Bohême du Nord, qu'il y possédait de belles maisons de rapport et qu'un jour il s'en occuperait, mais il n'avait jamais le temps d'aller les voir, ces fameux immeubles.

Les élections de quarante-six approchaient et papa se dit que notre famille devait faire quelque chose pour la victoire du communisme. Il imagina que, la veille du scrutin, nous allions courir à travers Prague. Avec les numéros des partis, pour prédire la victoire.

Notre maman déclara que seul papa pouvait inventer une connerie pareille, mais papa n'en tint aucun compte.

Lorsque j'y repense aujourd'hui, je dois donner raison à papa, ce fut spécial et magnifique.

Papa disparut dès le petit matin en disant qu'il allait amener Johny pour suivre cette course, parce qu'une telle affaire devait être cautionnée par l'armée.

Ils revinrent en fin d'après-midi, visiblement Johny avait refusé même d'en entendre parler. Mais papa était parvenu à ses fins. Je ne sais pas comment, mais c'était clair : du moment qu'il pouvait vendre un aspirateur dans un village sans courant électrique, il était capable de convaincre même Johny.

Ils arrivèrent à la maison dans l'après-midi automnale, je ne me souviens plus si le soleil brillait ou s'il y avait des nuages. Je me souviens simplement que Johny était un peu pompette, il avait une bouteille de whisky sous le volant et il fredonnait quelque chose. Je me suis approché et j'ai entendu distinctement :

— *Que périsse le vieux monde infâme...*

Papa avait donc réussi à le retourner comme une crêpe. Tandis que nous enfilions nos maillots, Johny s'entraînait à faire des cercles avec sa jeep dans la rue Farsky, un pied sur l'accélérateur, l'autre sur le garde-boue, tout en fumant un cigare. Il portait un uniforme flambant neuf de colonel de l'armée américaine et cela lui allait très bien ; je me disais que si une bonne femme passait par là, elle se serait dévêtue aussitôt. Mais c'est nous qu'il attendait.

Nous étions trois frangins, papa ne courait évidemment pas, ce n'était plus de son âge et il avait les jambes très arquées. Pour faire le quatrième dans cette course pour le communisme, il avait réussi à enrôler un autre garçon, en échange de cent chewing-gums américains de Johny. Maman nous accrochait nos numéros et elle pestait contre papa à voix basse. Mais papa avait un regard de braise, il était sûr de soutenir par cette course la victoire du communisme jusqu'à la fin des temps. Et il imaginait aussi que ladite course serait un succès grandiose.

Nous sortîmes devant la maison. Nous constatâmes que Johny avait fini de vider sa bouteille de whisky.

Hugo partit le premier, il avait un torse magnifique et papa lui avait épinglé lui-même le « un » sur ce torse, numéro sous lequel se présentaient les communistes.

Le deuxième expédié sur la piste fut ce garçon qui courait en échange des cent chewing-gums. Il portait le numéro trois, les sociaux-démocrates seraient les deuxièmes.

En troisième, ce fut Jiri avec le numéro deux, celui du parti populaire.

Papa m'avait gardé pour la fin. Les socialistes-nationaux seraient les derniers. Papa m'avait choisi exprès, parce que j'étais le meilleur à la course et s'il y avait un problème, je pouvais me sauver. Je m'entraînais à Sparta chez Otakar Jandera, j'avais des cuisses puissantes et un bon appel. Le « père » Jandera me promettait un grand avenir de sprinter, mais je n'avais pas la volonté de m'entraîner. L'athlétisme, c'est du boulot.

Papa m'ordonna de boitiller un peu, peut-être pour que je garde mes distances avec les autres, et peut-être pour que je montre à quel point le parti socialiste-national était mal en point.

Nous nous élançâmes de la place Strossmayer vers les quais et de là vers Na Prikope.

Cela ne me semblait pas mal. Je courais presque seul dans Prague, j'étais le centre des attentions, les communistes applaudissaient, les socialistes-nationaux sifflaient un peu. Pas d'entraînement, pas de labeur, c'était une course spéciale dont papa avait prédéterminé l'ordre d'arrivée. Les communistes les premiers, les socialistes-nationaux à la traîne. Et c'est ainsi que tout devait se dérouler, avec interdiction de dépasser. Des drapeaux flottaient aux fenêtres, les gens étaient endimanchés et de bonne humeur. J'en oubliais même de boiter, je bombais le torse et je montrais mes belles jambes qui rebondissaient sur les pavés. C'était un peu grisant, seul papa, qui me suivait en jeep avec Johny, me criait de temps en temps :

– C'est bien, vas-y ! Mais boite un peu plus !

Johny me suivait en voiture. Je l'examinai trois fois en remontant ma chaussette qui tombait. Il avait la meilleure voiture de combat américaine, celle dont on disait qu'elle avait permis de gagner la Seconde Guerre mondiale, c'était un modèle MB, soixante chevaux, qui avait de la reprise et montait à une vitesse fantastique dès les premiers mètres. Les jeeps avaient servi à repérer des mines, à démolir des barrages, elles avaient été utilisées comme draisines, et maintenant l'une d'entre elles soutenait le scrutin communiste. Celle-ci avait des pneus magnifiques, peints en blanc, et une étoile américaine sur le capot. On aurait dit une espèce de poisson blanc-vert avec des mirettes. Johny présentait bien dans sa jeep, il en était à son énième cigare et il fredonnait quelque chose, sans doute ce chant que les mineurs de Bustehrad avaient enseigné à papa quand il était petit, sur la mort de ce vieux monde infâme, pour échauffer la bile de ma grand-mère Malvina.

Je ne sais pas pourquoi l'idée était venue à papa de nous faire traverser la place Venceslas où les socialistes-nationaux, pour le compte de qui je courais en boitant et en quatrième position, avaient leur chapiteau principal près de la maison d'édition Melantrich. De Prikopy nous obliquâmes vers le haut et je voyais déjà de loin l'immense foule devant la maison Melantrich. En m'approchant, j'avais le cœur qui se serrait. Le passage dans lequel je devais m'insinuer se resserrait lui aussi. Je me retournai vers papa, c'était mon dernier espoir. Mais je connaissais trop bien mon père pour y croire. Il avait beau avoir quelques tares, ce n'était pas une fiotte de Juif comme on disait parfois. Il ne s'était jamais couché devant personne, il avait déjà tabassé un certain nombre de types qui l'injuriaient ou lui faisaient du mal, et cela lui avait valu plusieurs procès. Le Juif le plus célèbre au monde n'était pas pour lui M. Einstein ou M. Chaplin, mais le boxeur Baer qui avait réglé son compte à Schmeling. Avant la guerre, papa avait fait installer un ring dans notre appartement et nous devions boxer, moi j'avais alors sept ans. C'est M. Hrabak qui venait nous entraîner et surtout M. Jenda Hermanek, qui avait obtenu une médaille d'argent aux

Jeux olympiques d'Amsterdam. Mais je me doutais bien que cette expérience remontant à mon jeune âge ne me servirait pas à grand-chose aujourd'hui.

Il n'y avait qu'une seule possibilité. M'arrêter. C'est ce que je fis. Mes jambes s'immobilisèrent d'elles-mêmes. Je me tenais là, la jeep elle aussi avait freiné. Papa aurait pu m'interpeller : – Viens-nous rejoindre, camarade – pour m'installer près de l'uniforme de Johny, dans sa magnifique voiture avec ses reprises, avec son vrai colt américain, avec les poings de papa, mais il s'en garda bien. Son amour allait vers Baer et non vers Einstein. Il se pencha au-dehors de la voiture et m'ordonna :

– Cours ! Et en boitant !

Mes frères et le garçon aux chewing-gums avaient déjà disparu. Je me mis à marcher, et puis j'arrivai devant Melantrich en courant à petits pas. Ce qui est intéressant, c'est que jusqu'à présent peu de gens avaient remarqué notre course, mais sur la place Venceslas, c'était une autre affaire. Ils comprirent aussitôt de quelle propagande il s'agissait, ils n'étaient pas bêtes. De surprise devant mon audace à venir les narguer juste devant la maison Melantrich, ils firent d'abord silence. Ils reprirent leur souffle, se mirent à hurler et se jetèrent à ma poursuite. À côté de celle-ci, une course sur Strahov était une plaisanterie. J'arrêtai aussitôt de boiter comme me l'avait conseillé papa et je me mis à appliquer les conseils du père Jandera :

– Élance-toi ! Plus haut les genoux ! Ne regarde pas à gauche ! Ne regarde pas à droite ! Fonce !

Il était trop tard. Le cercle rétrécissait et les passages possibles se bloquaient du fait de la foule. Mes courageux frères avaient disparu devant, la jeep avec son équipage était restée à l'arrière. Johny klaxonnait à tue-tête, mais c'était tout.

Je n'avais plus où fuir, alors je m'arrêtai et j'attendis, mes jambes tremblaient et si mon cœur avait pu, il serait sorti de mon corps et se serait sauvé tout seul sur les pavés, pour les pétrifier sur place. Ils étaient déjà tout près. Puis l'un d'eux se pencha et il arracha mon numéro. Un autre m'allongea une gifle qui me fit tomber à genoux. Ils se mirent à me tabasser. En les esquivant et en cherchant à les fuir, je voyais leurs yeux. Des yeux de fonctionnaires, de docteurs, d'ingénieurs, de commerçants, sauf le premier qui m'avait frappé, lui, ce devait être un boucher, car le coup avait été terrible.

Je connaissais ces yeux. Ils me cognaient à cause de mes futurs reportages de radio, à moitié vrais et un peu transformés, ils me tabassaient pour mes histoires naïves, pour les conneries et les saloperies dont nous allions nous rendre coupables après notre victoire de demain. Ils me frappaient pour les trahisons et les meurtres que nous allions perpétrer.

J'étais payé d'avance. Ils arrachèrent mon maillot puis mon short, je me tenais nu sur la place Venceslas en me couvrant l'entre-jambe. J'étais alors un beau garçon, mais pas assez beau pour pouvoir rester dans cette tenue là, au cœur de Prague, la ville notre mère. Le sang me coulait du nez et du visage sur ma poitrine et mes cuisses.

Puis la jeep de Johny apparut. Lorsque Johny me vit tout couvert de sang, il s'arrêta, sortit son colt et s'avança lentement vers moi dans un grand silence. Mais il ne se mit pas à tirer. Il rengaina le colt, me prit dans ses bras et m'emporta dans la jeep. Mon sang imprégnait son bel uniforme. Papa était assis sur l'autre siège, il serrait les poings et enrageait.

Puis Johny traversa Prague comme un fou. Dans notre immeuble, il me porta jusqu'à l'appartement. Lorsque maman me vit, elle voulut d'abord s'en prendre à papa qui avait eu cette idée géniale. Papa s'enfuit en dévalant les marches de l'immeuble, criant qu'il allait chercher le docteur. Le docteur Ptacek avait de grosses lunettes et plein de pansements. Il me nettoya, me posa des rustines comme sur un pneu et me banda.

Le lendemain, je ne me réveillai que vers le soir, j'avais mal partout, je me croyais sur le point de mourir. Dans ma chambrette, quelqu'un attendait, tout penaud. J'aperçus papa par les fentes entre les bandages, il me souriait et avait un œillet rouge à la boutonnière. Il disait quelque chose et je ne le comprenais pas. Je faisais non de la tête et il se pencha vers moi et répéta encore quelque chose. Il voulait me consoler, peut-être même me faire un cadeau. Je voyais son visage réjoui et j'entendis enfin clairement :

– Nous avons gagné.

Johny se tenait derrière lui et lui aussi faisait oui de la tête pour dire que nous avions gagné, sans même imaginer que cette victoire allait le priver de ses magnifiques immeubles de rapport dans le Nord, ceux qu'il n'était même pas encore allé voir.

Puis papa me dit encore qu'il avait parlé au député Hruby et qu'on allait m'admettre l'année prochaine, précocement, à quinze ans, au Parti communiste tchécoslovaque.

J'étais là, couché dans ce lit, j'avais mal à la tête, j'étais tout enflé, depuis le cou jusqu'au derrière et à la jambe dans laquelle ils m'avaient donné un coup de pied. J'allais d'ailleurs boiter de cette jambe pendant longtemps, sans même que papa me le demande. Je fixais papa d'un œil triste et je me demandais si je pourrais encore un jour jouer au hockey pour l'équipe de Sparta Prague.

À ce moment, Johny, l'air un peu gêné, sortit de sa sacoche la plus belle chemise que j'aie jamais vue. Une vraie chemise d'officier américain en toile fine couleur kaki, avec des applications de petits lions et d'étoiles d'officier. C'était une sorte de doudou qu'il me fallait prendre dans le lit à côté de moi pour jouer, comme un nounours ou une poupée. Je voulais m'endormir avec le bonheur de savoir que la chemise serait encore là au réveil, me réveiller et me rendormir en sachant que personne n'allait me la prendre.

Ensuite, tout futur membre du PC tchécoslovaque que j'étais, je dormis longtemps avec une chemise de gala américaine et quand je fus rétabli, les communistes avaient pris ce pouvoir auquel ils aspiraient depuis des décennies et ils s'étaient mis à faire régner l'ordre dans ce pays.

Papa s'appliquait lui aussi à apporter son aide au communisme pour devancer le capitalisme, conformément à la volonté de Josef Staline. Il y mettait toutes ses forces, même si un grand nombre de Juifs lui disaient qu'il était *meschugge*. Il ne se vit jamais confier aucune grande fonction, mais il fut fait au moins directeur de quelque comité des fêtes et il partait à pied faire la tournée des entreprises (il n'avait plus son auto américaine de marque Buick), pour chercher à récupérer, en vue d'une tombola, des cerfs et des nains en plâtre ou encore des poupées qui dansent quand on les remonte. Lorsqu'il m'aida à entrer au parti communiste lors de mes dix-sept ans, je pris sa suite. À l'époque, c'était touchant, mais quand j'y repense aujourd'hui, je me rends compte que ces réunions, ces tombolas, ces manifestations pour l'amitié, ces cerfs et ces nains en plâtre m'ont empêché d'apprendre à danser et que je fréquentais bien moins de filles que les autres garçons, et ça, ça continuera à m'embêter encore longtemps.

Papa défendait le communisme partout.

Son principal argument pour démontrer que nous n'étions pas en déclin mais que nous rattrapions le capitalisme, c'était que les moulins à café des épiceries n'arrêtaient pas de se détraquer[3]. Dans l'intimité de ses amis, il racontait qu'il avait été communiste bien avant la création du parti. Encore gamin, il piquait déjà à la ferme des beignets pour les distribuer aux garçons indigents. Lors de sa fuite de la légion étrangère, il lisait leurs journaux aux communistes espagnols illettrés, même sans savoir l'espagnol. À la prison de Fernando Poo, il chantait *Avanti popolo*. Il avait fait repeindre la clôture et la balustrade des footballeurs du SK Kladno. Mousse sur le navire Tereza Taja, il avait transporté des dames de la noblesse russe qui fuyaient devant la révolution d'Octobre en ne leur donnant à manger que de rares sardines. Quand elles s'évanouissaient du fait de la chaleur, il épongeait leurs seins magnifiques.

C'étaient là des preuves irréfutables, même si dans ce dernier exemple, et malgré le rôle accessoire joué par la révolution d'Octobre et la pénurie de sardines à l'huile, cette histoire de seins magnifiques des dames de la noblesse russe me laissait un peu dubitatif.

Quoi qu'il en soit, papa était proche du communisme, il passait beaucoup de temps parmi les trimardeurs, les vagabonds et les miséreux. Et il avait surtout un cœur généreux.

Lorsque les communistes l'emportèrent en Bohême, son grand ami l'industriel Heller lui dit :

---

[3] ... à force de devoir moudre tout le café désormais disponible.
Merci à David Vlacil et Stania Novotna pour leurs explications à ce sujet. (*N. d. T.*)

— Tu es un con. Et en plus tu les soutiens.

Ensuite, Heller partit pour l'Angleterre où il ouvrit une usine de fourrures, comme celle qu'il avait en Bohême.

Mon papa n'était plus dans le commerce comme par le passé. Il subvenait à ses besoins comme il pouvait. Nous allions de plus en plus mal, mais pour papa, ce qui comptait c'était l'amitié, la fraternité et surtout l'égalité raciale. Ça, c'était plus précieux que tout l'argent du monde.

Mes parents n'avaient plus qu'un petit pavillon aux abords de Prague.

Une fois, je leur rendis visite. Personne nulle part. J'entrai dans la maison, j'avais peur qu'il leur soit arrivé quelque chose. Ils étaient dans la chambre du fond. Maman couchée sur le divan, enroulée dans une couverture et tournée vers le mur, papa assis à la table, en caleçon. Il pleurait. Ses cheveux étaient ébouriffés sur son front et ses larmes coulaient sur son journal. C'était le *Rudé Pravo* qu'il prenait tous les jours et dont il ne pouvait se passer ne serait-ce qu'une journée. Je me suis penché au-dessus de lui et j'ai poussé les cheveux de son front. Pour la première et la dernière fois de sa vie, il s'est blotti entre mes bras comme le font les enfants. J'étais déjà un homme. Je le tenais dans mes bras et je regardais par-dessus sa tête ce *Rudé Pravo* où il avait coché au crayon rouge :

Rudolf Slansky, d'origine juive
Bedrich Geminder, d'origine juive
Ludvik Frejka, d'origine juive
Bedrich Reicin, d'origine juive
Rudolf Margolius, d'origine juive

La série de Juifs continuait et elle était toute maculée de larmes. Lorsqu'il se fut calmé, il me regarda d'un air absent, comme s'il ne me reconnaissait pas et il dit :

— Ils se remettent à tuer les Juifs. Ils ont de nouveau besoin de boucs émissaires.

Puis il se leva, il donna un coup dans ce *Rudé Pravo* et il se mit à crier :

— Je pardonne les meurtres. Même judiciaires. Même politiques. Mais dans ce *Rudé Pravo* communiste, on ne devrait jamais voir – d'origine juive ! Des communistes, et ils classent les gens en Juifs et non-Juifs !

Puis il frappa à nouveau le *Rudé Pravo* qui s'éparpilla comme s'il était fait de feuillages pourris d'hiver. L'antique table avec sa marqueterie de cerfs s'écroula. Il s'assit, en respirant profondément. Nous savions tous qu'il pensait à la futilité des manifestations avec les drapeaux, des discours sur la vérité et la justice, à l'inutilité de ce sang que j'avais versé sur la place Venceslas. Il se disait que Johny, un garçon si formidable, était venu avec nous en pure perte, lui qui avait fini par acheter un ranch quelque part dans le Texas où il élevait des vaches. Et également inutiles les cerfs en plâtre pour la tombola et cette poupée en jupette rose qui dansait une fois le ressort remonté.

Papa se leva et alla à la remise à bois. Il sortit sa plus grosse hache, celle qui servait à fendre les souches. J'avais peur et je le suivis. Maman me suppliait de le laisser, elle ne l'avait jamais vu dans cet état. Au bout d'un moment, je me dégageai de ses bras et je partis en courant retrouver papa. Arrivé au portail, sur lequel il peignait toujours au premier mai des étoiles à cinq branches, je vis qu'aujourd'hui, il y avait gravé deux grandes étoiles. J'étais là et je comptais : une, deux, trois, quatre, cinq, six branches...

Je m'approchai comme si je n'en croyais pas mes yeux. Pensant que je voulais effacer ces étoiles juives, papa leva sa hache. Mais je ne voulais pas les effacer, je le comprenais très bien. Près de ce portail, il avait cessé d'être un communiste pour redevenir un Juif. Nous nous regardions. Il avait dans les yeux quelque chose que je n'avais jamais vu auparavant. Ses yeux reflétaient une terrible déception, le découragement et le désespoir d'un homme qui avait voulu traverser la rivière sur un pont solide alors qu'en fait ce pont n'existait pas. Et dans ses yeux se balançaient aussi au bout d'une corde Slansky et Margolius. Tout autour de nous, les oiseaux chantaient dans le crépuscule et ça ressemblait à de vieilles complaintes juives. Il abaissa sa hache et s'assit en caleçon sur une chaise qui était toujours là pour ceux qui venaient le voir et qui étaient fatigués par le voyage ou par la vie. Il attendait qu'on vienne le coffrer, lui aussi. Mais personne ne vint le chercher. Il n'avait aucun pouvoir et ne dirigeait aucune administration. C'était un trop petit bonhomme. À l'époque, il ne faisait plus qu'élever ses lapins.

Dans la nuit, lorsque je regardai au-dehors, il n'avait pas quitté sa chaise. Une étoile d'or était justement en train de tomber et elle était plus belle et peut-être même plus honnête que toutes les étoiles de cette terre étrange.

DES CHAUSSURES
MADE IN ITALY

×

J'avais une grande amitié pour Emil et je lui promettais depuis longtemps de l'emmener pêcher l'anguille. Emmener quelqu'un à la pêche à l'anguille, cela représente une série d'expériences mystérieuses. La nuit, des carnassiers inconnus dont on ne sait pas grand-chose, une chair exquise pour le petit Emil et sa femme. Je passai longtemps à conditionner Emil, presque comme si nous devions partir en fusée sur la lune.

– Emil, on met les voiles jeudi, lui indiquai-je discrètement, en secret, pour éviter qu'une de nos connaissances ne se joigne à nous. Je voulais être seul avec lui.

Dans sa Fiat, nous mettions le cap sur mes années de jeunesse. Emil conduisait lentement, comme la plupart des médecins qui ne veulent pas ajouter au nombre des morts en causant un accident. La Fiat ronronnait comme un chat. Emil fumait des Lucky Strike et je lui disais :

– Fume, fais-toi plaisir. Là-bas, tu ne fumeras pas de la nuit, il ne faut même pas allumer une allumette pour ne pas se faire repérer. Répète-moi ça :

– Je ne fumerai pas de la nuit. Il ajouta : – Pas même une Lucky Strike.

Sa réponse me satisfit. L'anguille, je m'en chargeais. Emil n'avait jamais mangé de vraie anguille qui venait juste d'être pêchée.

Emil avait un peu plus de la quarantaine, lui-même n'était pas du genre coquet, mais sa femme veillait à ce qu'il soit toujours présentable, empreint d'une douce élégance. Ici, un veston neuf à carreaux discrets, là, un pull-over de bonne laine, seyant aux hommes de tout âge. Mais ce qu'il avait de plus beau ce jour-là, c'étaient ses souliers neufs *Made in Italy*, couleur d'orange mûre avec des boucles dignes de César aux temps jadis.

Mon ami passeur était tout sourire, il savait qu'il était question d'anguilles. Il se souvenait de moi encore enfant. Je lui donnai une cartouche de cigarettes et il devint muet, il n'aurait jamais avoué à personne qu'il avait emmené quelqu'un au paradis des anguilles.

Quel magnifique coin de rivière ! À l'arrière, on devinait le Rocher des Sima où j'avais un jour pris onze anguilles en une heure. (Emil, tu verras, les mots manquent pour le raconter.)

La nuit tombait, au-dessus de la rivière, la lune ne sortait qu'à moitié, ce qui était tout bon. Nous déballâmes nos cannes, nous avions toutes les chances de prendre quelque chose. Commençait la période sans Lucky Strike.

J'accrochai les petits poissons destinés aux grandes anguilles et les vers de terre qui attirent les petites. La nuit était plongée dans une sorte de demi-songe. Je montai quantité de leurres appétissants. Mais les cannes restaient immobiles. Les pêcheurs connaissent bien cela. Rien ne bouge et rien ne va bouger.

Vers minuit, Emil commença à mendier une cigarette. Bon Dieu, lui, un médecin de son acabit ? Pourquoi n'en grillerait-il pas une ?

Et je l'autorisai à le faire.

Avec le temps, j'étais devenu plus tolérant. Rien ne

mordait. Visiblement, pour Emil, la pêche, c'était tout autre chose.

Il ramassa du bois et alluma un feu de camp. Avant, on avait peur d'une cigarette, et maintenant, on faisait une flambée près de la rivière ! Ça, c'était du cran ! Mais Emil n'y connaissait rien et moi je finissais par m'en ficher. Emil s'approcha du feu pour se réchauffer les pieds, puis il s'endormit.

Je ne pris pas une seule anguille. Dieu sait où elles étaient parties vadrouiller. J'étais en rogne, sans doute pour la première fois en pêchant.

Parce que je n'avais rien pris. Parce que j'avais tiré Emil jusqu'ici de son hôpital où il avait dû manquer, car les médecins étaient toujours en nombre insuffisant. Et surtout les médecins de sa stature. Et alors je me mis à jurer :

– Nous avons vraiment la poisse, elles ne sont pas là. J'enverrais tout bouler ! Les salopes ! Elles se vengent du jour où j'en ai pris onze ici ! Et juste aujourd'hui, ces vipères d'eau ! Saletés de vipères !

Nous suivîmes la rivière jusqu'à la Fiat. Emil donna au passeur son dernier paquet de Lucky Strike et ensuite il n'avait plus de quoi fumer. Sur l'autre rive, il se tourna vers moi et dit :

– Ne fais pas le con, arrête cette hystérie. Quand on était petits, on allait garder les oies près de la rivière Malse. Il y a de ça presque quarante ans. On est nous aussi allés aux anguilles sans rien prendre. Aujourd'hui, j'ai revécu cela. C'était merveilleux.

Voilà ce que me dit Emil, lui qui avait voyagé dans le monde entier, en Amérique, à Bornéo, au Honduras et au Venezuela. Il avait vu la nuit et le ciel tchèques avec ses étoiles, il était redevenu ce gamin auprès d'un feu pétillant. Il s'était débarrassé de ses dernières Lucky Strike, donc il ne fumait pas au retour et se concentrait sur sa conduite lente et prudente.

Je le regardais conduire sans impatience et se laisser calmement doubler par des fous de la route. Mon regard se porta sur ses pieds. Et soudain, je blêmis. Ses chaussettes sortaient par la pointe brûlée de ses magnifiques chaussures. Il savait depuis longtemps que les chaussures offertes par sa petite dame avaient brûlé. Mais il y avait une grande différence entre nous. Moi, je savais accepter la victoire et lui savait accepter la défaite. Il avait donc compris que cette nuit les anguilles l'avaient emporté, comme dans un match.

Finalement il s'arrêta dans une station-service et il demanda à l'employée, une fille aux longues jambes :

– Est-ce que vous avez des Lucky Strike ?

Elle regarda la pointe de ses souliers d'où dépassaient ses chaussettes et elle répondit d'un ton sec :

– Nous avons des Marica !

Il lui donna un gros pourboire et la remercia :

– C'est formidable !

Et il alluma une Marica. Dans la voiture il souriait. Il était revenu près de son feu comme un gamin, avec le ciel au-dessus de sa tête, à essayer en vain de compter les étoiles. C'était l'époque où il n'était pas encore responsable de la vie d'enfants et d'adultes, où des mamans ne venaient pas pleurer pour qu'il sauve la vie à leur gosse, leur unique trésor.

Des voitures nous doublaient et les chauffeurs du dimanche klaxonnaient en criant :

– Avance, vieux con !

Et il roulait toujours avec le même flegme, il pressait les pédales en douceur, nous voguions plutôt que de rouler. Pendant la guerre, il avait conduit un transporteur et une jeep. Il avait été pris dans des batailles de tanks avec ses camarades, il s'était frayé un passage dans les Ardennes, il s'était affronté avec les pires tigres fascistes. Il avait déjà vu tant de morts qu'on n'aurait pas pu tous les réunir sur cette route blanche et paisible. Il savait que les chauffeurs qui le doublaient le prenaient pour un pleutre, qu'ils le couvraient de leur mépris, alors que plus d'un ne savait pas très bien conduire. Et il avait peur. Peur de les retrouver un peu plus loin dans un arbre ou sur une borne kilométrique, la tête en bouillie et les membres brisés. Il voulait au moins aujourd'hui laisser loin de lui les bandages blancs, le sang et la mort absurde.

Il voulait juste se souvenir de cette nuit de pêche à l'anguille, du feu qui fleurait les acacias blancs et les années d'enfance...

LE BRACONNAGE
×

À Luh, je m'étais fait copain avec Jirka, un petit blondin qui était braconnier. Quand elle voulait être polie, maman disait que c'était un vaurien. Et cela m'attirait énormément. Après leur retour du camp de concentration, mes frères Hugo et Jiri avaient de tout autres poissons en tête, il leur fallait rattraper le temps perdu. Ils aimaient, se mariaient, étudiaient, travaillaient et ensuite ils se repentaient. Mais ce qui les ennuyait surtout, c'est qu'ils n'allaient pas avec moi à la rivière et qu'ils avaient manqué la grande période des brochets qui commençait juste.

Le braconnier Jirka était un très bon copain. Il m'apprit à poser des lignes à barbeaux et à anguilles sous le seuil de la rivière. Et puis il quitta Luh et je me retrouvai seul à poser mes lignes. Je partais dans la nuit, loin en contrebas du déversoir, pieds nus pour ne pas faire de bruit. J'étais inquiet. La rivière grondait à côté du sentier et dans les branches des arbres criaient les chouettes et les hiboux. De tout temps la nuit appartient aux animaux. Le jour appartient aux hommes. Et moi, j'allais à l'encontre de cela et la nuit fustigeait mon âme. J'avais terriblement peur. Puis j'entendais l'eau du seuil et la chute du pertuis. Au-dessus du déversoir se détachait la silhouette du moulin avec une seule ampoule allumée. Je n'ai jamais su pourquoi on éclairait ainsi, c'était sans doute un signal pour les routards ou une sorte de judas qui permettait au meunier de voir plus loin que le bout de son nez. Pour moi, cette petite ampoule représentait une présence amicale. J'avançais dans l'herbe en me traitant de dégonflé pragois de chez les dégonflés pragois. Il fallait que j'arrive jusqu'à cette pierre plate, là où je posais toujours ma ligne.

Au bout de quelques minutes, je l'atteignis enfin. Je m'étais souvent arrêté près de cette pierre en m'apprêtant chaque fois à voir s'allumer sur l'autre rive les feux des projecteurs et à me faire attraper par les gardes de la rivière. Si je me fais prendre, rien ne pourra me sauver.

Je sortis ma corde à linge et je la déroulai. Je cherchai des pierres pour la fixer. Certaines me semblaient trop petites, d'autres trop grosses. Je finis par les attacher au bout de la corde et je me mis à monter dans le noir les appâts sur les avançons. Les gros lombrics et les petits poissons me tombaient des mains, je les cherchais en vain. Au bout d'un long moment je fus prêt. C'était l'heure de me mettre à l'eau. La corde était longue, je m'avançai jusqu'au mitan, je me prenais souvent les pieds dans les pierres glissantes et je tombais. Je lançai la pierre à l'eau et c'était comme si elle me tombait droit du cœur.

Et retour jusqu'à Luh. Le moulin endormi éclairait. Les chouettes et les hiboux proclamaient que cette nuit appartient aux oiseaux et aux animaux. La rivière brillait, la lune s'y lavait la face, l'herbe me claquait les mollets. Et c'est là que je pris conscience à quel point c'était beau d'être seul avec la nuit. Et le souvenir m'en est resté à jamais.

Je me glissai sous le drap de vichy. Je savais que j'étais en même temps à la pêche et dans mon lit et cela me réconfortait. Je vivais deux miracles à la fois. Je passai toute la nuit à rêver à ce qui se prendrait au bout de ma ligne. Une nuit étrange avec des rêves de poissons. À peine m'étais-je endormi, que le tonton me réveillait :

— Debout, le jour se lève !

Je ne pouvais pas sortir la corde de l'eau en plein jour, on aurait pu me voir.

Les aubes grises sont les plus belles de toutes. Les abeilles et les papillons s'apprêtent pour la journée. Les oiseaux les accompagnent de leurs chants. Et tout cela se passe au petit matin alors que je cours vers le seuil. Pour y être avant l'arrivée des gendarmes. Avant que la grosse anguille noire qui craint le soleil ne s'arrache de ma ligne. Mon dieu, pourvu qu'il y ait au moins quelque chose.

Je suis arrivé à la pierre. J'ai ôté mon pantalon.

Je n'ai pas peur du matin. Si les gendarmes arrivent, j'ai une excuse toute prête. Je leur dirai :

— Messieurs, hier soir il est venu un grand braconnier. Il a posé sa ligne et moi je la sors maintenant pour la rapporter à Krivoklat.

Il n'y avait personne. Je rentrai dans l'eau et j'attrapai la corde. Aucune résistance, pas de mouvement. Une créature maligne est juste venue mordiller les appâts. Il n'y a rien. Je tire la corde sur la berge et je la replie. Quelque chose se brise en moi, mon cœur bat à peine. J'ai envie de me rouler en boule et de dormir. Tous ces efforts pour rien. Je me souviens des chouettes et de la nuit qui appartient aux animaux, aux oiseaux et aux poissons. Les poissons ont eu raison de moi. Je dois me prendre par la main et aller dire à l'oncle Prosek que je n'ai de nouveau rien pris. Le chemin sera long.

LE RUISSEAU
DE L'INGÉNIEUR

×

Ce ruisseau coule tout près de Prague. À une petite heure de voiture. Mais je ne dirai pas où, je ne veux pas que des gens s'y rendent, à pied ou en voiture. Et j'ai aussi un peu peur pour Elles, même si elles ont déjà survécu à toutes sortes de blessures impitoyables.

Ce ruisseau est beau comme un collier de perles ou une tiare de diamants. Il gargouille et court sans se presser en descendant une petite colline, par des forêts de sapins et des prairies multicolores où volent des abeilles rondelettes et sautent des sauterelles dodues. Son eau est celle d'une source cristalline et aux endroits où elle est basse, on voit les galets du fond, un sable blanc pur, les rochers et les racines des arbres. Des aulnes et des saules se penchent au-dessus des trous profonds. Et là, dans ces trous d'eau, entre les pierres et les racines, il y a les truites. Personne ne sait depuis quand elles sont là. Peut-être des siècles, peut-être des milliers d'années. Quand on les sort de l'eau, on dirait des brioches et elles sont presque chaudes dans vos mains, les petites ponctuées d'orange, les grosses avec des taches noir-carmin. Leurs couleurs rappellent les vagabonds des mers lointaines et inconnues.

Nul ne sait pourquoi cette truite s'est installée là un jour. Elle a élu domicile dans ce ruisseau. Et depuis ce premier jour, l'homme a visiblement décidé de l'attraper, de la tuer et de la détruire dans cet habitat qui est le sien.

Moi aussi, je suis arrivé là un jour, encore enfant, avec le désir de chasser et de tuer. Je ne sentais pas encore, comme je le ferais par la suite, le parfum du ruisseau ; je n'entendais pas les histoires que raconte l'eau ni le murmure des arbres. J'avais un canif dans la poche. J'ai poussé ma première truite jusque dans les racines et je l'ai poignardée avec mon couteau. Plus tard, je renonçai à ces mœurs barbares et je ne procédai plus qu'en toute légalité, le reste me paraissait être un meurtre. Mais tout un chacun venait tuer en ces lieux, dans ce ruisseau à truites sans défense, livré au bon plaisir des braconniers. Les gamins du village les massacraient à coups de bâton ou de pierre, d'autres les prenaient à l'épuisette, certains pêcheurs en prélevaient jusqu'à cinquante par jour. Cent fois je me suis étonné de les voir toujours là, parce qu'elles savaient se protéger. Elles s'insinuaient plus profond sous les berges, entre les racines et les pierres, elles ne sautaient plus aussi intempestivement sur les vers de terre frétillants ou les sauterelles appétissantes. Il leur était devenu plus difficile de se maintenir dans leur domaine, mais elles ne voulaient ni ne pouvaient le quitter.

Tout le monde ne se conduisait pas en barbare ; il y avait l'ingénieur Prokupek qu'on aurait pu à juste titre qualifier du terme anglais de *gentleman*. C'était déjà un vieux monsieur. Maigre et grand, en habit vert et chapeau de paille blanc, il portait des bottes de caoutchouc trop larges pour ses jambes. De sa petite villa, il y avait trois kilomètres jusqu'au ruisseau. Il oscillait de gauche à droite en marchant et brandissait sa canne dans sa main comme Don Quichotte sa lance. Une fois arrivé, il étalait son matériel – le moulinet, les bas de ligne, les mouches. Et avant de se mettre à pêcher, il humait comme un cerf au pré le parfum du ruisseau, des tilleuls, de l'herbe et des versants forestiers qui enserraient le torrent.

Il restait longtemps planté là, puis il s'avançait à contre-courant avec sa canne, en vrai sportif. Si le poisson était petit, il le relâchait. Il le caressait toujours comme il aurait fait pour un levraut de mars, ramassé dans la rosée fraîche. Et parmi les grosses truites, il n'en choisissait que trois qui dépassaient la longueur autorisée. Il rentrait souvent bredouille : dans ce ruisseau, les truites n'atteignaient pas souvent vingt-cinq centimètres de long.

Pendant presque cinquante ans, l'ingénieur Prokupek côtoya ainsi le ruisseau.

Un beau jour, il s'y rendit à nouveau. C'était au printemps, les arbres et les prairies répandaient leur parfum et le soleil commençait à descendre, c'était presque le moment du coup du soir, le meilleur pour lancer la mouche dans l'eau bondissante. Il monta sa mouche, fit deux ou trois fouettés, puis chuchota :

– Allez, bestiole, envole-toi !

La mouche se posa à la surface, mais rien ne vint la taquiner. Il relança la mouche et de nouveau rien. Une demi-heure passa sans une seule touche. Brusquement, l'ingénieur cessa de pêcher et se mit à courir le long du ruisseau, en scrutant les trous d'eau à travers ses petites lunettes. Il ne vit pas la moindre truite. Puis il remarqua deux traînées noires imprimées dans le sol humide. Il fut saisi de peur : quelqu'un est venu prélever les poissons ! Il se mit à courir, mais il était déjà vieux et il ne faisait que trébucher avec ses bottes.

Il rattrapa le camion avec deux tonneaux pleins au-delà

de la première maison forestière. Deux types rôdaient autour du camion et trois autres pêchaient les truites dans un trou d'eau profonde à l'aide d'un appareil électrique.

L'ingénieur Prokupek ne les avait pas encore atteints, qu'il les apostrophait déjà de sa voix rauque :

– Qu'est-ce que vous faites ? Qu'est-ce que vous faites là ?

Un gros type en cuissardes jusqu'à la taille lui répondit :

– Du calme, papy, du calme. Nous sommes membres de la société de pêche d'Unovice et nous allons transplanter ces truites dans notre ruisseau. De toute manière ici, ça n'a pas d'avenir, qui est-ce qui viendrait se perdre si loin ?

– Comment cela, pas d'avenir ? Vous savez depuis quand elles sont là ? s'énerva l'ingénieur. – Qui vous a permis ?

– Ça oui, le permis, nous l'avons et toi, vieux con, dégage, ce ne sont pas tes oignons !

L'ingénieur Prokupek se contenta de baisser la tête et il partit. Il rentra chez lui le long de ce ruisseau vandalisé, des larmes trempaient son visage et son habit vert. De chagrin, il se mit au lit dans sa petite villa au-dessus de la Berounka et sa vieille épouse se fit bien du souci pour lui.

Au bout de la deuxième semaine, le garde-pêche Hvezda vint lui rendre visite. On ne voyait plus du vieillard que son visage jauni et ses yeux bruns, tout tristes. Il était couché sous une couverture bleue. Hvezda lui parla d'un ton jovial :

– Alors, monsieur l'ingénieur, quand est-ce qu'on va à la pêche ?

– Quelle pêche ? répondit-il d'une voix plaintive.

– À la truite, M. l'ingénieur, à la truite.

– Il n'y en a plus là-bas, M. Hvezda.

– Il n'y en a plus ? Vous seriez étonné.

– Ils les ont toutes pêchées avec leur satané appareil.

– Mais non, M. l'ingénieur. Il y en a beaucoup qui leur

ont échappé. Quand ils ont essayé de les prendre, elles se sont dispersées dans les courants parmi les pierres. Ce jour-là, elles ne mordaient pas parce que cette pêche électrique les avait toutes affolées.

L'ingénieur Prokupek s'assit dans son lit. Il avait repris de la vigueur. Il dit d'une voix excitée :

— Bon sang, Hvezda, vous me faites un plaisir que vous n'en avez même pas idée. Je pensais qu'elles avaient complétement disparu. On ira voir demain.

Ils s'y rendirent le lendemain. Hvezda, tout raide avec ses jambes en O et l'ingénieur, maigre, grand, encore un peu pâle et décharné. Ils cheminaient sans cannes, aujourd'hui ils voulaient juste examiner solennellement les flots et les trous d'eau. On ne tarda pas à s'apercevoir que Hvezda disait vrai.

Ils avancèrent à pas discrets vers le premier trou d'eau et le visage de l'ingénieur s'éclairait à chaque truite aperçue. Ce jour-là, lorsque Prokupek revint dans sa petite villa au-dessus de la rivière Berounka, il ouvrit avec sa dame une bouteille de genièvre et ils invitèrent le garde Hvezda à la partager avec eux.

Je pourrais en fait m'en tenir là. Mais je dois juste ajouter ceci : les pêcheurs de la société d'Unovice revinrent dépeupler le ruisseau encore l'année suivante. Dans leur ruisseau, toutes les truites importées étaient mortes, tuées par les engrais artificiels des champs lessivés par les pluies. Bref, ce n'était pas leur habitat.

Et dans le ruisseau de l'ingénieur, les truites continuent à vivre comme depuis des temps immémoriaux.

IL N'Y AURA PAS
DE COCHON !

×

Papa était retourné à la terre. Mais il ne possédait plus d'étangs avec leurs carpes, ni son champ de blé près de Hrebec, il ne lui restait que la maisonnette et les barbeaux dans la rivière en contre-bas ; et puis un jour ceux-ci cessèrent de mordre et ce fut la fin des poissons.

Rakosnik, le directeur du collectif agricole de Vrané, lui fit demander s'il ne voudrait pas engraisser des porcs. Il se ragaillardit :

– Enfin un vrai et beau travail. Je me ferai un pactole...

Il dit à maman :

– Si tu veux, viens me retrouver.

Il prit une couverture sur son dos, comme dans sa jeunesse quand il partait en vadrouille, il marchait le long du barrage en sifflant. Il savait très bien siffler, il avait des lèvres puissantes et séduisantes. Dans sa jeunesse, il lui arrivait de siffler l'ouverture *Marinarella* pour charmer les dames. Ce jour-là, cela résonnait sur tout le barrage et les villageois de Skochovice se retournaient sur son passage comme s'ils retrouvaient un absent de longue date.

Il voulait engraisser les plus beaux porcs de toute la Tchécoslovaquie, roses, dodus, comme ceux que l'on envoie, avec un trèfle à quatre feuilles, sur les vœux de nouvel an. Peut-être même qu'il dormait auprès de ses cochons ; il avait cessé de se laver. Les animaux prospéraient, notre papa dépérissait. Quand maman apprit la chose, elle dit à la manière juive que papa était *meschugge*, ce qui signifie quelqu'un à mi-chemin entre le fou, l'imbécile et l'irresponsable. Elle chargea sa carriole et partit le long du barrage tout en se demandant si elle devait se noyer dans cette eau dégueulasse ou continuer à traîner cette carriole, comme la vie le lui intimait. Et elle se transporta de nuit, pour que les voisins ne sachent pas qu'à son âge elle en était encore à courir son bonhomme.

Elle trouva mon drôle de papa au milieu des cochons. Il était justement en train de les nourrir. Il souriait à maman de toutes ses dents et n'était pas très différent de ses nouveaux enfants, il avait peut-être même attrapé des poux. Elle le traîna hors de la porcherie, le frotta et le lava dans la bassine à ébouillanter les porcs, elle passa tout en revue, sa zigounette devant et ses fesses derrière.

Ils y passèrent une année à trimer ensemble. C'était un travail dur. Près de la rivière, les conditions sanitaires n'étaient pas bonnes pour les porcs, ils attrapaient des maladies. Nos parents se disaient que c'était à cause de la saleté et on les voyait même quelquefois ramper par terre à brosser les soues et les auges à la brosse en chiendent. Je venais leur rendre visite et je voyais de mes yeux la réalisation pratique du socialisme, qui n'avait rien de commun avec les discours proférés sur une estrade. Ils avaient commencé avec l'espoir de tenir le coup et le travail les avait mis à genoux. Maman sortait les porcelets morts de la porcherie dans ses bras, comme s'ils avaient été ses enfants. Cette fois-là, je me suis enfui dans la forêt, je ne pouvais plus le supporter. Et puis, à force de travail surhumain, ils arrivèrent à leurs fins. On leur promit même un beau porc, en récompense de leurs efforts. Papa grimpait déjà au septième ciel, comme lorsqu'il était commercial et champion du monde invaincu. Il pourrait de nouveau se permettre d'être généreux. Il voyait déjà la tue-cochon, les saucisses au raifort, les caisses de bière, les enfants. Les petits-fils qui faisaient les fous sur les cochons. Évidemment, il se mit à engraisser pour lui le porc le plus beau, le plus rebondi. Son petit groin, on aurait dit un trèfle à quatre feuilles dans cette verte prairie. Parfois, la famille venait admirer ce porc en pensant au jour de notre réunion en train ou en voiture, quand l'eau serait chaude.

À la fin, on leur annonça : Il n'y aura pas de cochon !

Papa ne dit mot, il se contenta d'ouvrir la porte de la masure où ils habitaient et d'en sortir leurs possessions. La bassine, les couettes, les couvertures, quelques chaises. Ils ne parlaient toujours pas. Lorsque le camion vint s'arrêter près de la maisonnette, ils se regardèrent tous deux, papa et maman, et papa s'écria vers les coteaux, la rivière et toute la petite ville :

– Il n'y aura pas de cochon !

Ils éclatèrent de rire. Et à chaque fois qu'ils se regardaient dans le camion, ils explosaient à nouveau :

– Il n'y aura pas de cochon !

Ils s'étreignaient et s'embrassaient, le camion oscillait. Cette phrase – Il n'y aura pas de cochon – devint à jamais dans notre famille le slogan qui annonçait à la fois notre victoire et notre défaite, et que le triomphe l'emportait toujours sur l'échec.

Le collectif agricole de Vrané envoya ensuite à papa une curieuse lettre qui disait en gros que ceux qui avaient travaillé devaient encore payer :

« Nous vous informons qu'après l'examen des comptes de notre collectif agricole, la brigade de travail affiche pour 1957 une perte de 0,60 couronnes et nous vous demandons donc le remboursement de votre engagement vis-à-vis du collectif, pour un montrant de 530,52 couronnes. »

De temps en temps, il arrivait à papa d'agiter cette lettre au-dessus de sa tête en s'exclamant :

— Est-ce que cette lettre représentera un jour une ligne dans l'histoire de notre pays en décomposition, ou est-ce qu'on arrivera simplement à en rire ?

Pour le moment, personne n'a encore su lui répondre.

JE N'ÉCHANGE PAS
CONTRE LA RIVIERA

×

Salut à toi, rivière !

Je m'agenouille sur la rive près d'un champ de soucis d'eau et je veux presser mes lèvres sèches contre ton corps rafraîchissant. Je veux t'embrasser. Tu fuis, tu ruisselles entre mes doigts. Rivière, porteras-tu mon bateau bleu ? Mais non, car tu n'es en fait qu'un ruisseau, bouillonnant, plein de galets et de bancs de sable doré. Hop – tu vois, tu as franchi la Vltava. Elle naît là, au loin, sur les hauteurs, aux environs de Kvilda, parmi les herbes vives jamais coupées ni tondues. Hop – et te voilà revenu à ton canot. Tu le prends par les hanches comme une femme et tu le lâches dans l'eau qui file. Qui s'est embarqué une fois, ne connaît pas de plus belle sensation que de déposer à nouveau un canoë dans les vagues.

Nous partons sans essence, nous avons nos bras. Cela s'appelle des vacances actives. Vlan, vlan ! Le soleil avait grand soif. Il a bu l'eau. Holà, hey ! Traîne-toi sur de longs kilomètres comme un haleur et tracte ton bateau allégé. Et crache tous les cents mètres ta sueur âcre.

Hourra, les matelots, sur le pont !

Voilà qu'on peut à nouveau naviguer. Les vagues écument par-dessus un troupeau de moutons de pierre verts et voilà qu'arrive leur poisson-berger, l'ombre argenté. Une prairie parmi les pins couleur brique et les sapins en fleurs. Jettes-y tous tes habits ! Les seuls qui riront de ta nudité blanche sont la rivière et l'ombre aux écailles d'argent et toi, tu ne les entendras pas. Déjà les flèches de l'eau mordillent tes veinules, t'envoient par le courant et te recrachent sur la rive de myosotis.

Premier campement auprès de trois bouleaux. Tu es moulu, tu te contentes de mâchouiller un peu de lapin rôti froid et tu as sommeil. Mais à l'heure où la nuit le cède au jour, tu n'y tiens plus, tu te mets à quatre pattes et tu regardes au-dehors. Un croissant blanc éclaire la crèche à foin en bois, le paysage respire un silence tranquille et dans le pré d'en face paissent des biches. Le matin, un silence de mort plane sur les prairies, tout se cache devant le soleil. Tu sors fourbu et tu bois à petites gorgées du thé de Chine fait à l'eau de la Vltava. Nous continuons à naviguer. De chaque côté, le massif de la Sumava dresse ses bonnets montagneux sous lesquels se blottissent des chaumières et parfois quelque clairière réchauffée, saturée du vrombissement d'avions-mouches, dégringole jusqu'à la rivière.

C'est vers l'amont que la rivière est la plus belle et sans le moindre seuil.

À Horky, voilà le premier déversoir à sec avec portage des bagages et du canoë. Femme, arrête de geindre ! Au bout du dixième, tu auras les mains calleuses et les jambes plus fermes. Nous campons près du pont et de la locomotive qui siffle. Au matin, quand tu dors d'un sommeil profond, je veux te faire une surprise en t'apportant une gerbe de pavots écarlates et un corps de poisson opalin. À l'aube, avant que la locomotive ne se mette à siffler et que les petits bergers ne crient, je monte le moulinet sur la canne.

J'avance, je me tapis dans les roseaux, l'eau ondule soudain comme si quelqu'un pagayait dans les profondeurs.

Plaise à Dieu qu'il morde ! Miam ! Le bas de ligne me file entre le bout des doigts, je frémis des pieds à la tête. Encore un peu et je ferre ! La canne se courbe, c'est bon ! Je le sens au bout de ma ligne, ce corps qui lutte est accroché au fil. Il ne veut pas se rendre, il roule, il résiste, il se bat. Rien à faire, le voilà vaincu à mes pieds dans l'eau basse, il se retourne pour la dernière fois. Le chevaine aux immenses yeux exorbités ouvre sa gueule ronde et avale à vide, il attend la suite des événements. Il faut se baisser et le prendre par ses ouïes dures.

J'ai fait un faux mouvement, l'hameçon trop petit s'est décroché de la chair du poisson. Soudain libre, il n'a pas encore compris, il gît là, puis son corps se tortille, il se raidit et file tout surpris nager en eau profonde. Mon visage déçu et sa vie sauve. Il repart piller les eaux vives, la prochaine fois il sera plus prudent.

Dans l'excitation, j'ai oublié les pavots, mais c'est toi qui m'as surpris. Un bouquet rouge se dresse dans une bouteille près de la tente et sur une serviette en papier embaume le petit déjeuner avec du lait frais.

Ô Vltava, comme tu changes !

Après des dizaines de kilomètres, ton corps n'est plus aussi propre que là-haut. Et ton cours ralentit, peut-être es-tu déjà fatiguée, ma beauté de la Sumava ? Il pleuvote. D'abord en toute innocence, seules de petites giclures rebondissent à la surface de l'eau et la rivière vient à la rencontre des gouttes, elle fait avec elles de petits traits noirs.

À Vltavice, cela se transforme en un vrai orage. Ça tonne au-dessus de nous, l'embarcation se remplit d'eau. Nous nous abritons dans une cabane abandonnée et nous tremblons de froid. Des paysans et des ouvriers forestiers accourent. Tous ont la tête rentrée dans les épaules, seuls les plus jeunes avancent joyeusement, s'exposant à l'intempérie. Nous prenons quelques vieilles planches sèches. Même si tout est mouillé, il faut cuisiner aujourd'hui. La journée a été difficile, mais demain sera peut-être encore plus dur, voilà l'expérience des nautoniers. Nous sommes fatigués. Le soleil descend lentement derrière la colline et envoie une raie d'or vers le bateau qui avance.

La vaste rivière méandre lentement. Près des berges il y a des pontons pour les radeaux, devant les roseaux s'étendent d'immenses trous d'eau profonde à truites. Quand s'arrêtera l'étape d'aujourd'hui ?

La créature féminine chevelue devant moi s'y est faite, elle est comme un brin d'osier flexible. Je lui tire mon chapeau de bonhomme farfelu. Et je serre les dents. Un - deux - trois ! Un - deux - trois ! Nous sortons dans la nuit près de Frymburk, transis, fatigués. Il bruine. Dans le noir on se sent désespéré. Mais dès que le bois pétille et que la tente est installée, il fait bon. Tu oublies tous les tourments, tu grignotes des pommes de terre et une conserve de porc et tu as l'impression que c'est le meilleur repas au monde. À côté, l'eau du déversoir gronde, puis peu à peu tu n'entends plus rien et au matin, le soleil te salue chaudement par les interstices de la tente.

Bonjour ! Salut, les camarades ! Tout un convoi d'embarcations court au fil de l'eau. C'est le géant Kanar avec les premières années de l'Institut, accompagnés de leurs camarades des établissements de Varsovie, Sofia, Budapest. Ils leur montrent la Vltava pour s'en vanter. D'ailleurs, le petit Bojanov, qui ne connaissait jusqu'ici que la Mer Noire, vient dire à chacun – belle rivière, belle. Ils construisent un ponton à balancier, traversent la rivière sur une échelle de corde, font une course d'orientation, passent des écluses.

En aval de Frymburk des soldats apprennent à nager. Ils sortent sur la rive, ils s'assoient en gloussant comme des demoiselles. À Lipno il y a des chantiers et de Lipno à Vyssi Brod il faut prendre un camion. Dans le véhicule qui tressaute, on nous raconte une légende : l'origine de la Muraille du Diable. Le diable voulait emporter un gaillard en enfer, mais il devait d'abord accomplir trois tâches. Dès la première, il rata son coup. Le gaillard lui avait ordonné d'arrêter la Vltava avant le chant du coq. Satan s'était échiné à porter d'immenses rochers, mais il ne parvint pas à barrer la rivière. Le gaillard aurait pu lui demander une tâche encore plus difficile. Il aurait pu lui ordonner de saloper la rivière autant que le font les papeteries de Loucovice, et le diable n'y serait sûrement pas arrivé.

D'ailleurs, on prétend qu'il est plus avantageux de payer des amendes pour la pollution de la rivière que de construire un système de filtration efficace. Pour le moment, c'est la fin de la belle eau, tout est couvert d'une écume puante. La rivière est morte, la vie y a disparu, les poissons l'ont quittée, les gens ne se baignent pas, les femmes n'y lavent pas leur linge.

À Horni Mlyn, il y a des rapides qui ne sont pas navigables. Nous portons le bateau sur des centaines de mètres. Dans un petit pré sous le déversoir paît un taurillon. Il est jeune, encore tout bête, sur sa tête anguleuse dégringolent des boucles brun-rouge. Qu'est-ce que c'est que cette grande affaire bleue ? Danger, danger... Il secoue la tête sans entendre nos offres de paix. Tu n'es pas un toréador et tu t'enfuis lâchement dans l'eau. Tu te cognes, les pierres sont glissantes, ton pied se prend dans une fente. Dieu soit loué, on s'en est sorti !

Regarde, mon gars, c'est un spectacle unique, tu ne le

reverras jamais. Sur les galets près de la roselière se tient une biche élancée, les jambes écartées, le museau noirâtre, humide d'avoir bu. Elle doit réfléchir à une vitesse folle : fuir ou rester immobile ? Sauter dans les roseaux ou ne pas sauter ? Si elle s'enfuit, les faons ne pourront plus boire. Ils tendent vers nous leurs derrières frétillants de part et d'autre de la biche. Bon appétit, les petits ! Elle se tient là, immobile, seuls ses yeux sombres nous suivent attentivement, jusqu'à notre disparition au-delà du méandre.

Des nuits obscures, des journées radieuses ! Que de beautés vous nous avez données ! Voyages nocturnes. L'eau joue de ses couleurs grises et noires, la lumière du château clignote dans la nuit et la colonnade lumineuse le long de la frontière scintille.

À quelques mètres de la proue, des canards sauvages s'envolent, des mouettes crient.

Passage excitant par le pertuis de la digue. Tu passes par celle de Koren sans l'admirer. Tu t'approches de la gueule écumante et tu ne peux plus reculer. Tu as décidé encore par eau basse : tu vas montrer de quoi il retourne aux bateliers sur la berge qui l'étudient depuis un bon quart d'heure déjà. C'est un peu une gaminerie. Agenouillé, tu écartes encore plus les jambes pour avoir une base stable et voilà le passage le plus difficile. Quelque chose de lourd vient cogner contre ton flanc droit et t'arrache la pagaie. Tu t'en empares de nouveau, et la vague, oui, c'était une vague, te relâche avec ton canoë à moitié rempli d'eau. Mais tu flottes et c'est une sensation extrêmement agréable.

Nous voguerons ensemble, par les blancs rapides, descendant la rivière... Chez toi tu ne chantes pas et là, la chanson jaillit sous l'effet du rapide blanc pur qui te gicle au visage, te trempe les cheveux et le front. Une chanson née du soleil, de l'insouciance.

Tu as vu des endroits où ne passent ni le train, ni les voitures, où tu ne peux même pas arriver à vélo. Tu as besogné sur des centaines de mètres, glissé sur les pierres lisses, poussé des jurons, mais tu ne regrettes rien. Tu as vu des châteaux, des ouvrages gigantesques bâtis par nos ancêtres, mais aussi des ouvrages encore plus grands, actuels ou à venir – les barrages.

Sur le barrage de Slapy on voit déjà les prémices de la future station touristique, les premiers hôtels avec leurs toits rouges festonnent le rivage. Lorsque des centaines de résidences secondaires auront fait leur nid sur les berges et que les lacs seront sillonnés de voiles blanches, la Vltava acquerra un autre charme.

Nous n'avons plus d'argent, nous n'avons même plus rien à manger. Il ne reste plus dans le fond de la gourde qu'une gorgée de *Becherovka* pour nous réchauffer. Sur la rive, une dame fait paître une vache. Elle ne peut pas boire de *Becherovka*, elle a l'estomac malade, mais s'il y avait du poisson... Donc tu rampes à plat ventre par les herbes jusqu'à l'eau et à l'endroit où les poissons font des clapotis dans le crépuscule, tu vois se profiler un plat fumant de semoule bien cuite. Au diable l'avarice ! Ça mord ! Tu emportes le poisson jusqu'à la ferme et tu rapportes un pot de lait et un morceau de beurre. Une purée de rêve ! Et il y a partout de braves gens. Tu en trouves depuis la Sumava jusqu'à Vysehrad. Combien en avons-nous croisé !

En dernier, Josef Traxler et sa bande de cinquantenaires de Tabor et Hronov. Bon an mal an, la dernière semaine de juillet, ils quittent leur femme et partent retrouver leur maîtresse – la rivière. L'harmonica, la guitare, le feu de camp, une magie qui ne prend pas une ride. Ils ont juste à chaque fois un peu plus de mèches argentées, mais ils disent qu'ils ne quitteront pas la rivière avant la soixantaine.

Nous achetons une conserve avec nos dix dernières couronnes, notre réserve intouchable. Nous montons la tente juste en contre-bas du barrage de Stechovice. La dernière nuit, la dernière conserve. Et puis nous pagayons, nous piquons droit sur notre maison...

Au-revoir, rivière, à la prochaine...

UN SAC À DOS
EN PEAU DE CERF

×

Mon farceur de papa, Leo, m'a légué un sac à dos. Un magnifique sac à dos en cuir marron. Il est en peau de cerf et d'après maman, il paraîtrait qu'après la guerre papa l'aurait récupéré à l'ambassade suisse en même temps que la chatte siamoise Zina qui avait des yeux bleus phosphorescents. Ce jour-là, en me remettant ce sac à dos, papa m'a dit qu'il allait encore me faire de l'usage et il a ajouté la célèbre phrase de nos grands-pères :

— Celui-là, il te survivra.

Mon papa avait dit juste. Je ne sais pas s'il vient de Suisse ou s'il est en peau de cerf, mais j'avais l'impression qu'il était indestructible.

C'est un beau cadeau qu'il m'a laissé là. Je m'en serais volontiers débarrassé, je l'aurais échangé contre une gibecière, mais j'étais trop prétentieux. Un sac à dos en cerf, même trop lourd, est très beau avec sa couleur de blé mûr. Et surtout, je me vantais partout qu'il était en peau de cerf suisse, ce qui n'est pas donné à tout le monde. J'ajoutais parfois l'histoire de la chatte siamoise.

Alors je continuais à le porter sur mon dos, c'était mon lot, un peu comme un bien qu'on reçoit en héritage et qui vous pèse un brin.

Je le portais quand j'allais voir les ruisseaux. J'adore

les ruisseaux. Ceux qui coulent à travers les prairies ou une forêt et sont bordés de myosotis en fleurs.

Je ne sais pas très bien moi-même pourquoi j'aime à ce point les ruisseaux, sans doute parce qu'ils sont spéciaux et libres de toute occupation humaine. Je pose sur ma tête le chapeau de toile blanche des fondeurs de Kladno, je suspends à mon cou l'aigle de Krivoklat sculpté dans une défense de sanglier et j'enfile sur mon dos ce fameux sac à dos en cerf. Me voilà parti chercher les sources des ruisseaux et aussi du bon air, qui est gratuit.

Je suis allé plusieurs fois au torrent d'Oupor, sous le château de Tyrov, et je n'y ai jamais rencontré personne. Et pourtant Oupor est un cours d'eau magnifique, spécial, caché sous le feuillage comme s'il était presque d'un autre monde. On y voit des racines rouges et des truites, et en hauteur des mouflons qui pâturent. Pendant des années se dressait au-dessus de ce torrent une croix, commémorant la victoire d'un garde-forestier sur un mauvais serpent qu'il avait tué à coup de chevrotines trempées dans du serpolet. J'ai passé là des moments merveilleux, mais :

JE NE SUIS JAMAIS ARRIVÉ À LA SOURCE DU RUISSEAU.

Pourquoi ?

Parce que les ruisseaux sont longs. Parce qu'ils sont longs comme des routes. Et pourtant quand on les longe, c'est plus beau que de suivre une route. On peut s'y rafraîchir, souvent même y étancher sa soif, parfois s'y baigner. Mais Oupor m'a mis à genoux, je ne suis jamais arrivé à sa source.

Un autre ruisseau, celui de Skrivan, a eu lui aussi raison de moi. Je n'ai pas découvert ses sources parce que je n'avais plus la force de poursuivre mon chemin. Le sac en peau de cerf s'était alourdi, le chapeau des fondeurs de Kladno ne buvait plus la sueur et l'aigle me cognait la poitrine. J'ai toujours été obligé de rebrousser chemin et, c'est bien connu, le chemin de retour est encore plus long qu'à l'aller.

Et en m'en revenant, je pensais aux ruisseaux. Au fait qu'il y en a des milliers par chez nous. Avec des myosotis ou des nénuphars, des chevaines ou des truites. Partout on découvre quelque chose de nouveau. À la surface de l'eau on peut se voir comme dans un miroir et ces miroirs sont bien plus beaux que ceux des maîtres vénitiens. Partons aux sources de ces nombreux ruisseaux.

Mais on doit s'y prendre comme dans le sport, jouer *fair play*. Il faut commencer à les chercher à partir de la rivière où ils se jettent, où ils se terminent. Et aller de cette confluence jusqu'à la source. La prochaine fois on recommencera. Le ruisseau aura changé, il aura un autre visage.

Nous irons chercher l'air pur.

Moi aussi, j'essaie de repartir en quête des sources de mes ruisseaux. Et un jour, j'étais encore en bonne santé et je marchais sans problème, je me suis pris à examiner ce sac à dos en cerf. Et je me suis aperçu qu'il avait des taches et qu'il était en train de se réduire, de s'amincir et que j'allais enfin voir le jour où c'en serait fini de lui, qu'un jour je me débarrasserais de ce bel héritage. C'est à cause de ces ruisseaux. Et j'ai eu envie au moins de m'écrier à tue-tête :

– Grand-père, ce sac ne me survivra pas !

Mais vers qui aurais-je crié ? Papa et grand-père sont tous deux couchés dans leur tombe. Alors je vais au moins le leur apprendre quand j'irai les voir avec un bouquet de fleurs.

LES LAPINS
AUX YEUX SAGACES
×

    Mes parents avaient vendu leur résidence secondaire et acheté une maisonnette près de Radotin. Un pommier épanouissait ses fleurs au-dessus du toit. Ce fut leur dernière halte sur cette terre, et ce fut une halte heureuse. Ils travaillaient, ils vivaient en rêvant à un Messie hypothétique et à leur possible retour de fortune. Et comme ils travaillaient plus qu'ils ne rêvaient, la situation n'était pas si mauvaise. Papa ne courait plus le jupon, la tempête était passée, le calme régnait. Seul l'argent était rare.

    Il décida à nouveau de se faire un pactole, cette fois-ci avec des lapins. Il commença par les acheter, puis il en donna ou en vendit. Il travaillait comme jamais auparavant. Il avait construit des dizaines de clapiers, les avait ornés de tentures, on aurait dit des châteaux pour seigneurs oreillards. Il entreprit l'élevage d'une race rare, des argentés de Champagne, qui avaient la couleur des fusées américaines envoyées sur la Lune, parfois un peu plus argentés, parfois plus gris. Pour des lapins, ils avaient des yeux magnifiques, pleins de sagesse, comme si tout leur était connu. Papa leur parlait des heures entières en leur grattant le dessous du menton. Je crois que les lapins l'adoraient.

    Il allait leur ramasser de l'herbe matin et soir, pour qu'elle soit toujours fraîche. Il se levait tôt, tout le pays dormait encore et l'herbe n'était pas flétrie. C'était une véritable cérémonie. Le jour se levait, la rosée brillait sur les brins d'herbe verte, des lapins sauvages s'ébattaient aux alentours (ceux-là, ils n'étaient pas rares par ici), des faisans criaient un peu plus loin, tous connaissaient déjà papa. À genoux, la faucille toujours bien affûtée qui n'arrachait pas l'herbe et qui, bien à plat, faisait pschitt, pschitt, il couchait les brins en javelles. Un bouquet par lapin, comme pour une dame en première loge. Puis il s'attelait aux rênes de sa carriole et partait en sifflant. Il enfonçait l'herbe dans les clapiers, les lapins clignaient encore des yeux et lui les réveillait.

— Mes petits, bonjour, voilà votre miam-miam.

Évidemment, les lapins étaient trop nourris, il sortait des tonnes de fumier, presque autant qu'il apportait de nourriture. Mais les lapinières étaient d'une propreté parfaite, il disait à ses amis :

— Ça t'en bouche un coin, non ? Tu peux manger là, mon pote.

Entre temps, maman faisait un élevage profitable de dindons et de poules et vendait aussi les œufs. Un petit miracle ne tarda pas à se réaliser, comme dans ce livre célèbre de Betty Mac Donald *L'Œuf et Moi.*

Ils vécurent ainsi presque dix ans.

Papa s'était lié d'amitié avec des jardiniers de l'usine Walter, qui était tout proche, et il rapportait à la maison les plus beaux de tous leurs magnifiques rosiers. Il oubliait en chemin comment ils s'appelaient, alors il leur attribuait des noms de présidents américains — ou de ses meilleurs amis, Béda Peroutka ou Karel Prosek. Ces rosiers montaient carrément au ciel, leurs tiges étaient solides, leurs feuilles et leurs fleurs comme en cire. Il ne coupait jamais les fleurs lui-même, il ne pouvait supporter de les voir mourir, c'était maman qui s'en chargeait. Et derrière, dans le jardin d'où on apercevait le château de Zbraslav, il avait des plates-bandes de glaïeuls. Il y poussait aussi des fraises, des groseilles rouges ou à maquereaux. Au cœur d'un coin d'ombre, il avait caché à l'abri du soleil un bassin bétonné où nageaient des anguilles vertes aux yeux faussement méchants, qu'il avait pêchées dans la Berounka.

L'hiver, quand la neige était tombée sous nos fenêtres, il appâtait des pièges à corbeaux. Dès qu'il en capturait un, les ailes battantes, il allait le chercher, même en pantoufles. À cette époque de nombreux esprits pragois éclairés venaient lui rendre visite et il leur offrait de la soupe de corbeaux savants. Il parlait de ses riches parents, les fermiers Popper et Abeles de Horsovsky Tyn, qui avaient fui devant Hitler avant la guerre et s'étaient installés au Canada. Ils étaient si riches, disait papa, qu'ils avaient emmené avec eux non seulement des bouviers suisses, mais même des vaches suisses. Dans nos rêves, c'étaient des images magnifiques, comme les tableaux du peintre Ales et nous nous représentions nos oncles Hugo et Alois dans des trains de voyageurs suivis d'un train de marchandises, décoré d'affiches, comme jadis pour le cirque BUSCH ou HUMBERTO, avec aux fenêtres des vachers suisses en chapeaux tyroliens et des vaches cornues, telles celles qui ornaient les tablettes de chocolat suisse. Par la suite, nous avons appris qu'il n'en était pas tout à fait ainsi. Ils avaient emmené un seul bouvier suisse, M. Schmocker, et pas une seule vache. Ils avaient bel et bien acquis des fermes, mais ils travaillaient dur, et même jusqu'à nos jours. Leurs enfants, garçons et filles, étaient devenus professeurs, à l'instar de Vilma Iggers qui commença par traire les vaches, puis travailla dans une usine de confiseries, avant de faire ses études et devenir lectrice à l'université. Mais ils avaient un grand avantage sur nous. Aucun d'entre eux ne s'était envolé par une cheminée de four à gaz.

Papa ne sut jamais ce qu'il en était en réalité. Et c'était merveilleux, parce qu'à chaque fois qu'il parlait de ces Popper et Abeles canadiens, ses yeux se mettaient à briller, et il disait qu'ils devaient sûrement posséder la moitié du Canada avec ses lacs, et qu'ils allaient l'inviter un jour à la pêche au saumon. Papa racontait toutes sortes de choses. L'histoire la plus triste était quand il avait dû, pendant la guerre, emmener notre chien Tamik et la chatte de la vieille Mme Löwy en autobus pour les déposer à Prague, parce que les Juifs n'avaient pas le droit d'en avoir chez eux. De peur, la chatte avait fait ses besoins dans l'autobus, et il avait dû descendre, laisser partir le bus et la laver dans la neige. L'après-midi, il les avait transportés partout dans Prague, il les sortait de leur caisse et leur montrait le Château et la place de la Vieille Ville où vingt-sept nobles tchèques avaient été exécutés. Il avait aussi donné son goûter à Tamik et à cette chatte et après il avait eu faim.

Ces dix années s'écoulèrent comme si on avait lancé un caillou dans son étang chéri de Bustehrad.

Puis un membre du syndicat des éleveurs lui conseilla de faire tatouer ses argentés de Champagne, cela pouvait lui rapporter un tas de prix et d'argent. Il en fut tout enthousiasmé.

Il fit venir un spécialiste tatoueur de lapins. C'était un travail terrible, il y en avait une centaine à tatouer sur les oreilles. Par cette seule opération, les lapins devinrent des animaux nobles de race pure, comme quand un seigneur acquiert enfin son arbre généalogique. Papa passa ensuite des jours entiers à les observer, il rêvait d'en vendre un grand nombre à la future exposition. Les éleveurs de toute la région allaient en faire l'élevage et dire qu'ils venaient de chez le vieux Popper.

Des amis de la coopérative agricole, les Novak, lui prêtèrent des caisses, il réserva un camion avec son dernier argent. Il chargea les lapins en temps et en heure, et avant de partir, il prit maman par la main et la conduisit dans la souillarde. Depuis quelques années, il n'y avait pas trop de réserves, un peu de farine, de riz, de gruau, une bouteille d'huile, des bougies et des allumettes, voilà tout. Cela le contrariait, il était toujours fier de voir le garde-manger regorger de nourriture. Il ouvrit la porte et ordonna :

– Herma, donne ça aux volailles. Je vais rapporter un plein chargement. Nettoie-moi tout ça et mets-y du papier propre !

Puis il lui donna un baiser solennel, comme lorsqu'on part à la guerre et qu'on est sûr d'emporter la victoire. Ensuite il partit avec son camion à Karlstejn, du moins je crois que c'était là-bas. Il renvoya le camion, il allait vendre les lapins, il n'en rapporterait que quelques-uns pour continuer l'élevage, et surtout un beau mâle dénommé Michael.

Quand arriva le tour de ses lapins, il en avait le cœur serré, comme si le collège des juges devait noter ses propres enfants. Les juges les pesèrent, leur soufflèrent sur la fourrure, les examinèrent sous toutes les coutures.

Ils annoncèrent finalement qu'il avait omis de leur faire, comme il se doit, une espèce de manucure et de pédicure poussée, il ne leur avait pas coupé les ongles et lavé le zizi, ce qui était un si grand manquement qu'on ne pouvait lui attribuer aucun prix. Du coup, il devint clair que personne ne lui achèterait ses lapins.

Papa blêmit puis il s'écria :
– Espèces de salopards !

Et voilà. Ils n'aimaient pas les Juifs. Le silence se fit dans le hall, toute rumeur cessa, même les lapins semblaient baisser l'oreille. Les éleveurs vinrent consoler papa, et le premier s'adressa à lui amicalement, comme cela se fait entre éleveurs :
— Pavel mon ami !
Nous nous appelions Pavel depuis longtemps déjà. À cette époque, nous nous disions que puisque nous vivions en pays tchèque, nous devions avoir un nom vraiment tchèque à la place de ce Popper et nous étions peut-être aussi un peu plus couards qu'il ne fallait.
Papa lui hurla dessus :
— Ton ami ? va te faire foutre !
Il resta assis là en attendant qu'on vienne à son secours. Peut-être son fils Jirka qui l'aidait souvent avec sa Fiat, ou l'autre, Hugo, très doué de ses mains. Ou les oncles Hugo et Alois qui arriveraient en avion du Canada pour lui apporter des lapins canadiens géants et damer le pion à toute l'assistance. Ou encore l'oncle Ota aurait pu se présenter, qui travaillait en Bohême du Nord depuis l'après-guerre et que nous aimions autant que la tante Helenka de Prague.
Mais rien ne se produisit. La nuit tomba. Les éleveurs partirent et il se retrouva seul. Il tira les caisses avec les lapins vers un bosquet voisin par un trou dans la clôture et il ouvrit toutes les portes. Les lapins ébahis s'extrayaient sans se presser, ils n'avaient jamais vu le ciel au-dessus de leur tête ni senti la luzerne sous leur ventre. Il leur dit :
— Allez, filez, les petits !
Mais ils ne filaient pas, ils étaient habitués à lui, ils s'approchaient de ses jambes et se frottaient contre lui comme des matous. Il les chassait, mais ils revenaient toujours parce qu'ils savaient bien qu'ils n'auraient jamais

la belle vie qu'ils avaient eue chez lui, l'herbe ne serait jamais aussi croquante que dans ces magnifiques lapinières où ils menaient une existence de pachas. Ils revenaient toujours auprès de lui, même si son ignorance leur avait fait perdre le premier prix.

Il finit par s'enfuir et c'est son chéri, le beau Michael, qui resta le plus longtemps sur ses talons. Pourtant il échappa même à Michael. Lorsqu'il aperçut la gare, il mit la main dans sa poche, mais n'y trouva qu'une poignée de cigarettes écrasées.

Il vit la rivière. La rivière, c'était toute sa vie. Alors il s'en approcha : en suivant la rivière il ne manquerait pas d'arriver jusqu'à sa maison, jusqu'à sa femme. Il marcha sous un clair de lune qui la transformait en route argentée. Parfois, il s'étendait dans l'herbe, il avait mal partout. Le cœur endolori comme s'il allait se briser et les jambes douloureuses qui désiraient s'arrêter. Pour la première fois de sa vie, il parcourut une telle distance sans chanter ni siffler, pas même la chanson de légionnaires qui parlait des éléphants, ni celle du foulard rouge. Comme si le ressort du gramophone avait lâché, comme si la comédie du gai luron pêcheur et vagabond s'était jouée pour la dernière fois. Il marchait et il lui semblait parfois voir dans le ciel la souillarde tapissée de papier neuf comme il l'avait ordonné. Puis il aperçut un poisson près du bord. Un poisson tout en longueur, avec de gros yeux globuleux. Il regardait mon père, et mon père le regardait lui aussi. C'était un poisson si malin que de toute sa vie aucun autre poisson n'avait réussi à le tuer, ni aucun pêcheur rusé à l'attraper. Voilà pourquoi il avait pu devenir si grand et si vieux. Papa affirma ensuite que le poisson était venu le regarder mourir, parce qu'il avait tué des milliers de ses frères durant sa vie. Le poisson agita ses

nageoires et partit. Papa reprit son chemin. Au matin, il boitait en arrivant à la maison. Ses jambes ne le portaient plus et il se tenait le cœur. Maman prit peur et le conduisit dans la pièce. En passant devant la souillarde, il détourna la tête, il avait peur de voir ces papiers neufs. Mais il regarda quand même : il y avait toujours les anciens papiers et le garde-manger était entr'ouvert, certainement exprès. Il contenait un peu de farine, de riz, de gruau et une bouteille d'huile. Il s'assit sur la chaise et fit un sourire à maman :
— Tu es mon meilleur camarade.

Maman appela l'ambulance. Ils arrivèrent, l'emmenèrent dehors, pour l'accompagner à l'hôpital, disaient-ils. Il les injuria, il leur faussa compagnie près du portillon parce qu'il avait oublié quelque chose. Mais il n'allait pas chercher un petit transistor comme le font les gens. Dans le temps, il s'était fait faire une belle pancarte dont il était fier. Il l'accrocha au portillon, pour que tout le monde puisse la lire. Elle disait :

JE REVIENS DE SUITE

Et il n'est jamais revenu.

LES ANGUILLES D'OR

×

J'avais un jour rapporté d'Amsterdam un paquet de petites anguilles fumées, minces comme de jeunes pousses d'asperge ou des rameaux de saule, et dorées, parce qu'elles étaient encore jeunes. J'avais pris un ruban pour les attacher ensemble. Je donnais une anguille d'or aux personnes que j'aimais. Et quand il n'est plus rien resté, les gens n'ont plus rien reçu. Chez nous, nous appelions toujours les anguilles fumées des anguilles d'or, bien qu'elles n'aient jamais été de cette couleur. Quand elles étaient adultes et qu'elles étaient passées par le fumoir, elles avaient la couleur de la nuit noire et des profondeurs marines.

– Est-ce qu'on prendra un jour des anguilles d'or ?

Ce que papa voulait dire, c'est en prendra-t-on un jour en une seule fois assez pour que cela vaille la peine d'aller les porter au charcutier Franci Janouch et lui demander de faire flamber du bois d'acacia et de prunier aux fleurs blanches, en y ajoutant quelques grains de genévrier. Franci le bigleux nous avait promis qu'il ne manquerait pas de laisser ce bois dans sa cour, pour notre usage personnel. Papa et Franci avançaient en âge et quand Janouch me croisait, il me demandait d'un ton moqueur où étaient passées ces anguilles d'or. À cette époque nous nous étions déjà mis à une pêche honnête, exclusivement à la ligne. Nous étions là, entre chien et loup, à l'heure où les anguilles partent le plus souvent chasser, les yeux rivés au point de nous faire mal sur les petits drapeaux blancs, ces merveilleux marqueurs. Les fanions allaient-ils se mettre à vibrer comme une membrane et monter jusqu'au mât de la canne ? Le plus souvent, notre attente était vaine, il était bien rare qu'un fanion accroche notre regard et file vers la pointe. Et là, on ferrait généralement un vagabond solitaire. Parfois, on en prenait deux, plus rarement trois dans une soirée. Ça arrivait environ une fois par an, comme la fête du réveillon.

J'étais couché dans le grenier de la maison de campagne dont la fenêtre était recouverte d'une dentelle brillante de fanfreluches en forme de roulottes de cirque. La clarté de la lune pénétrait à l'intérieur et dessinait sur le plafond oblique des flèches rappelant un vol d'oiseaux blancs. Je descendis en pyjama, papa était allongé sur le dos et lui non plus n'arrivait pas à dormir. Je m'agenouillai près de son lit et je lui demandai une fois de plus avec insistance :

— Est-ce qu'elles existent, au moins, ces anguilles d'or ?

— Oui. Je ne les ai jamais vues, mais toi, tu les verras peut-être. Elles remontent du fond des eaux et partent en voyage. Elles gobent tout ce que tu leur donnes.

Je m'endormis, rasséréné. Puis vinrent à peu près mille jours de travail, et mille nuits de sommeil. Et ce fut l'anniversaire de papa, un chiffre rond et je n'avais rien à lui offrir parce qu'il avait sans doute tout ce qu'il pouvait désirer et qu'il n'avait envie de rien d'autre. Il ne voulait pas de nouveaux moulinets, parce que les vieux faisaient encore très bien l'affaire et ronronnaient en douceur comme des rouets et il ne voulait pas non plus de nouvelles cannes de la marque Tronicek. Et là, je me dis que je pourrais réaliser son rêve. Essayer encore une fois de pêcher ces anguilles d'or. Me rendre au pays de mon enfance où continuait à vivre le passeur, l'oncle Prosek, qui me conseillerait comment m'y prendre.

Je pris donc le petit train. Je passai ensuite quatre jours et quatre soirs à me rendre comme un con de Branov jusqu'à la Berounka. Je finis par me dire que j'allais laisser tomber, comme Napoléon à la bataille perdue de Waterloo. La rivière était incroyablement morte. Faite pour la baignade plus que pour la pêche, chaude comme du café ; et le ciel était lisse et pâle comme le savon de Rakovnik. Je ne voyais de poisson nulle part, seules quelques blanchailles jouaient près des rives à passer et repasser en s'aspergeant. J'allais rentrer un jour plus tôt et arrêter enfin de me prendre la tête avec ces chimériques anguilles d'or. Le dernier matin je me levai comme un chien battu. Salut – les poissons l'ont emporté de haute main ! Quatre jours à la rivière et pas une touche. J'étais dans la cour de Branov, en train de ranger mes cannes dans leurs fourreaux verts. Prosek sortit de sa cuisine en sifflotant. Il me demanda :

– Qu'est-ce qu'il y a, mon garçon ?

– Tonton, je remballe tout. Ça ne marche pas. Je n'ai plus de veine sur cette rivière.

Il ne répondit rien. Il sortit dans la cour pour y voir un peu mieux. Il remonta son pantalon, il regarda le ciel au-dessus des forêts du côté de Kourimec et ensuite au-dessus de la rivière. Comme s'il y lisait quelque chose de très intéressant ou comme s'il entendait une voix familière lui parler de là-bas. Puis il se mit à tousser, il avait de l'asthme, on aurait plutôt dit qu'il s'étouffait. Et il expulsa un mollard qui tomba sur les pierres de la cour. Il dit d'un ton ferme :

– Retourne à la rivière encore aujourd'hui. Après, va-t'en au diable.

Il rentra en claquant la porte. Visiblement, il était en rogne parce que je n'avais pas compris quelque chose. Je m'avançai au milieu de la cour comme lui, j'allai même jusqu'à remonter mon pantalon, je toussotai en regardant le ciel. Et je ne vis rien. J'eus juste l'impression que c'était un peu trop encombré. Je ressortis les cannes de leurs étuis, et je partis à la rivière comme un aveugle. Le soleil me rivait au chemin, j'avais des mouches devant les yeux, c'était comme si une averse de neige tombait du ciel. Au bord de l'eau, j'essayai par tous les moyens de me concilier la bonne volonté des poissons. Finalement je m'étendis dans l'herbe au-dessus du seuil, près du Rocher des Sima. Celui-ci était déjà tout rouillé et explosé à la dynamite. Dans mon dos, sous le rocher, je remarquai une flaque d'eau. J'accrochai un gros ver de terre sur ma ligne à moulinet et sur l'autre, celle sans moulinet, un ver de terre ordinaire pour prendre un petit poisson. Les vers de terre baignaient dans l'eau et je savais bien que je n'allais rien prendre encore aujourd'hui. Je ne comprenais pas comment Prosek avait fait pour se gourer à ce point et m'envoyer à la rivière. Le moulin de Nezabudice tournait sur la rive d'en face en scandant une vieille chanson de sa roue volubile et j'avais l'impression que les temps révolus ne reviendraient jamais. Dans ces temps-là, on prenait l'anguille avec des anguillères. Il s'agit d'une grande auge de bois, les anguilles passent dedans et tombent dans une espèce de caisse dont elles ne peuvent absolument pas sortir. Avant la guerre, Cech, le meunier, avait pris dans ce genre d'engin une anguille qui faisait environ six kilos. Il l'avait installée dans le bac à échauder le cochon et les gens du village venaient la voir comme un anaconda au cirque. À cet endroit, jadis, on attrapait des anguilles à foison, mais ce temps est envolé. Vous devriez le savoir, M. Prosek, vous, le roi sans couronne de tous les pêcheurs. Je méditais ainsi parce qu'il ne me restait rien d'autre à faire. Et soudain, j'eus l'impression que le monde s'était mis à tourner. Je renversai la tête pour regarder le ciel. On aurait dit qu'il voulait exploser et se fendre en deux. L'air s'était assombri, le rocher roux au-dessus de moi s'était incliné. La cloche de la vieille église Saint-Laurent de Nezabudice sonnait les douze coups. Boum, boum ! Il était midi. Bing, bang ! Le spectacle allait commencer. Le ciel éclata et déversa des ténèbres. Je me dis : – Voilà les saints qui arrivent ! Des archers célestes inconnus lançaient des éclairs sur les forêts et la rivière. Quelqu'un frappait des cymbales. L'eau se mit à dégringoler du ciel. La rivière commença à onduler et il y flottait des bulles grosses comme le poing. Les arbres tanguaient, ils avaient peur de se casser en deux et de mourir. Et un oiseau s'est mis à ricaner quelque part. À ce moment j'eus l'idée de regarder ma canne. C'en était fini de la tranquillité, le bas de ligne s'enfonçait dans la rivière en furie comme si quelqu'un d'insatiable l'avait engamé sous l'eau. Un poisson, il filait avec mon appât ! Et la deuxième canne se balançait comme le bras de la pompe que nous avait offerte le grand-père Novak. Je me levai d'un bond et je saisis la petite canne pour l'alléger et l'empêcher de se casser. Une tête mystérieuse d'anguille apparut. Je tirai le poisson dans l'herbe, jusqu'à la flaque pleine d'eau. Je coupai l'appât et jetai l'anguille dans cette flaque d'où elle ne pouvait pas s'échapper. Je saisis l'autre canne et je ferrai. Une autre anguille ! Je la halai jusqu'à la berge et je l'amenai en tirant sur le puissant bas de ligne. Elle sauta presque dans la flaque. Je remontai un hameçon, puis deux. Mes mains tremblaient d'excitation, mon visage ruisselait. Une troisième anguille. La quatrième était dorée. J'avais attendu ce moment pendant des années. Des anguilles d'or ! – Les anguilles d'or sont arrivées ! – L'une d'elles s'était coincée au fond de la rivière. Pepik Vlk, qui était accouru de Luh et qui avait tout vu, partit dare-dare chercher une barque. J'étais assis là à attendre que ma canne principale soit dégagée, je dus perdre vingt bonnes minutes. Il ne fallait plus gaspiller une seule seconde. Il devait y en avoir des cortèges entiers au fond de l'eau. Ils s'étaient mis en route comme des troupeaux d'antilopes. Les anguilles trouvaient immanquablement mon appât et le gobaient comme des poules. Peut-être craignaient-elles la fin du monde. La fin du monde arrivait peut-être et une puissance inconnue l'avait empêchée. Sept, huit, neuf, dix, onze... Tout a une fin. La beauté, la joie, la douleur. Une étoffe de soie bleue vint panser le ciel, un soleil jaune se mit à rayonner sur la terre. L'orage était parti, les anguilles avaient disparu. Était-ce un mirage ? Était-ce un rêve ? Je me tenais au-dessus de la flaque dans laquelle se tordaient les anguilles. Ni trop grosses, ni trop petites, juste comme il faut.

L'histoire des anguilles d'or était donc vraie. Je les fourrai dans ma gibecière et je courus jusqu'à Branov en traversant une colline de serpolet. Prosek se tenait sur le seuil, il tortillait sa moustache de soldat et riait comme un renard. Dans le train de retour, en traversant Beroun et Karlstejn, je me demandais comment Prosek avait fait pour savoir que c'était le bon jour. C'était clairement à cause du temps, qui est décisif pour la pêche. Surtout la pression atmosphérique et ses variations. L'œil qui papillonne, l'asthme, le cor au pied qui fait mal. Il avait pressenti ce qui se préparait, il n'avait pas besoin de la radio et du bulletin météo. Tout compte fait, c'était l'oncle Prosek qui envoyait ces anguilles à mon père pour son anniversaire. Moi, je m'étais contenté de les ferrer et de les sortir de l'eau. Je posai les anguilles mortes sur le comptoir du charcutier Franci. Ses yeux se mirent à loucher.

– Alors tu as quand même réussi. Il y en a onze, comme sur la pelouse de Letna. Une fois fumées, ce sera un poème.

Janouch était un grand fan de l'équipe de foot Sparta A.C., mais il y avait longtemps qu'il ne l'avait pas vue jouer à cause de ses yeux malades. Il se contentait désormais de l'entendre se déchaîner sur le terrain ou à la radio. Il avait une passion pour l'ancienne équipe Iron-Sparta et adorait les moments où Kada, le milieu de terrain blond, une star aux cheveux d'or, avançait, ballon au pied, et passait en douceur à Vasek Pilat, grâce à « l'allée tchèque ». Et Franci tendait toujours l'oreille, comme s'il entendait encore des dizaines de milliers de fans célébrer cette équipe d'acier, cette équipe invincible.

Les anguilles seront donc comme un poème de nos meilleurs poètes tchèques. Elles engloberont la mer, la lune, la rivière, la mort. Et le soleil qu'elles détestent. Elles renfermeront la graisse pléthorique de leurs festins lors des nuits turbides et la faim du jeûne, des voyages interminables. Entre temps, j'achetai pour douze balles un plateau doré en plastique chez le quincaillier, M. Rousek. Et je partis chercher les anguilles fumées. 19 juillet. Tout était prêt pour l'anniversaire de papa. Des roses jaunes sur la table, une nappe blanche en dentelle et un papa propre, frotté de toutes parts à la brosse par maman. Un bouillon de bœuf aux petites pâtes et un poulet rôti aux petites patates. Une compote d'abricots et de la bière pression de chez Hartman. Avant qu'on commence à apporter ces victuailles, j'ai dit d'un ton modeste :

– J'aurais un hors-d'œuvre.

– Alors aboule ! cria papa, plein d'enthousiasme. Il s'attendait peut-être à du jambon ou des cervelas à l'oignon. Mais j'allai chercher dans la remise à bois mes onze anguilles d'or attachées par M. Franci Janouch avec un magnifique ruban bleu-jaune-rouge, couleurs de l'A.C. Sparta. Dans ma tête, ce cadeau s'accompagnait d'une sonnerie de fanfare, d'un battement de cymbales et le cœur s'exclamait gloire, gloire, gloire. Je savais que papa serait content parce que c'était moi, son fils, qui les avais prises, ce qui revenait au même que s'il les avait pêchées de ses propres mains. Et je ne me trompais pas. Je posai le plateau doré devant lui et je le décorai de trois citrons venus du sud de l'Espagne, que je tirai de ma poche. Parce que les anguilles doivent s'accompagner de citron, sinon elles n'auraient pas de goût et ce ne serait pas un poème. Le soleil éclairait la table par la fenêtre, et le plateau avec ses anguilles brillait d'un éclat d'or. On aurait presque dit celui de la couronne royale ou des trésors de Toutankhamon. Papa fut stupéfait et il appela maman à la cuisine :

– Ma petite Herma, notre fils a pris des anguilles d'or !

Et il éclata en sanglots, fidèle au principe qui veut que les larmes soient aussi belles que le rire. Ce genre de larmes ne durait jamais bien longtemps. Il fendit le citron espagnol et il le huma comme on respire le parfum des roses. Il fit oui de la tête. Les Espagnols lui convenaient bien. Puis il porta la première bouchée d'anguille à sa bouche et il fit la même grimace que par la suite Louis de Funès à Saint-Tropez, lorsqu'il venait juste d'être déchargé de sa fonction de gendarme. Cette fois-ci, papa pleurait pour de bon. Il recracha le reste de l'anguille sur la nappe en dentelle et il dit :

– C'est imbouffable. Franci est un con. Il a eu la main

lourde, il devait encore penser à son célèbre Sparta. Il a mis trop de sel.

Papa avait parlé. Puis il se jeta sur le bouillon de bœuf aux petites pâtes qu'il se mit à avaler en faisant claquer ses lèvres pour montrer sa satisfaction. Je disparus dans la remise à bois. Je me demandais qui je devais pendre, les anguilles ou moi-même. Je finis par choisir les anguilles.

Elles demeurèrent longtemps suspendues là, sans que personne n'y prête attention. La chair finit par disparaître et il ne resta que les têtes et les peaux qui se balançaient au vent comme des pendus, chaque fois qu'on ouvrait la porte de la remise. Je décidai de leur faire un enterrement d'humains. Je les enfouis sous le bouleau près de la fontaine, d'où on voyait la rivière et leur route aquatique jusqu'à la mer des Sargasses. Et ce jour-là, je me dis que ce n'était pas si terrible de tuer un poisson, mais que c'était terrible de ne pas le consommer. Comme si les poissons morts et vraiment perdus n'étaient que ceux qu'on enfouit dans le fumier, qu'on jette dans une poubelle ou qu'on enterre quelque part dans une tombe. C'était donc la tombe de mes anguilles d'or. Une tombe inutile, comme celles qui existent parfois pour les poissons et les oiseaux, mais aussi pour les hommes.

Avec le temps Franci Janouch disparut, lui qui avait été boucher-charcutier sous la monarchie tchèque, puis la CSR[4] et la CSSR[5]. Janouch, à qui nous n'avouâmes jamais qu'il avait trop salé les anguilles. Au contraire, je lui dis un jour qu'elles avaient été comme un poème de Frana Sramek. Il voulut savoir à quel poème je faisais allusion et je lui dis :

---

[4] République tchécoslovaque
[5] République socialiste tchécoslovaque

— La cascade.

Prosek a disparu. On l'a emporté dans son cercueil sur son bateau préféré et une escouade de poissons d'argent a escorté la barque. Je pleurais sur la rive comme jamais auparavant et ces larmes-là n'avaient rien à voir avec le rire. Seul papa se maintenait encore dans le jardin terrestre et sur ses vieux jours, il partit s'installer dans l'ouest. Un ouest pas très loin de Prague, à Radotin, où il investit l'argent rapporté par la vente de la résidence secondaire dans l'achat d'un pavillon, juste assez solide pour résister aux assauts du soleil et du vent. Il y avait un petit jardin avec des fraisiers et des pommiers sur lesquels il avait suspendu des nichoirs à étourneaux. Dans le jardin, il bâtit une cabane en hauteur, comme sur des pattes de poulet. Il appelait ça son terrier ou son boudoir. C'est là qu'il se réfugiait quand il en avait marre du monde entier et de maman. De là, il nous injuriait, disant que nous n'avions aucun respect pour ce qu'il avait fait pour nous. Heureusement, la rivière Berounka coulait à quelques mètres de la cabane. Avec l'aide de son ami Vasek Hajek, il construisit dans le jardin un bassin carré en béton pour les poissons. Et comme je n'allais pas tarder à le savoir, surtout pour les anguilles. Je pensais que ce fiasco avec les anguilles salées allait mettre fin à l'histoire, mais en fait cela continua et de plus belle. À Radotin, aux abords de la ville, près du transformateur, régnait alors une atmosphère très intéressante. Le vieux Braindl s'y asseyait sur une vieille marmite pour pêcher ; un peu plus loin c'était Alois Pulchart, qui aimait aller à la chasse aux vers de terre en caleçon la nuit dans les jardins, malgré les protestations de la gent féminine locale, et aussi le champion des pêcheurs, Vodolan. Ferda, le teckel des Hajek, accourait par là pour voler et bouffer les boulettes de pâte les plus raffinées, destinées aux poissons. Et surtout, il y avait papa et son obsession des anguilles. Vasek Hajek l'accompagnait parfois à la pêche ; il avait un corps magnifique et savait très bien nager, alors, quand les hameçons des pêcheurs se coinçaient au fond de la rivière, Vasek plongeait gratuitement pour les libérer. Il y avait beaucoup plus de pierres que de poissons et papa, arrivé sur son vélo avec une remorque pour les poissons, ne tarda pas à coincer son hameçon et se mit à crier au crépuscule :

— En voilà une rivière ! Ça c'est vraiment une rivière ! Merde, maudite rivière !

Puis il décida :

— J'ai une ligne américaine, USA. Je peux même arracher le fond. Et il se mit à sortir les pierres et tout le lit de la rivière, sous les encouragements des autres pêcheurs. Dans les maisons, les gens ne tardèrent pas à réclamer que les pêcheurs arrêtent de faire ce raffut, les travailleurs avaient besoin de dormir. Si c'était comme ça tous les soirs, on irait se plaindre à la police ou à la mairie. Papa ne parvint pas à arracher le fond de la rivière et il hurla :

— Vasek, je suis toujours accroché, vas-y à la nage.

Vasek ôta ses habits, fit quelques mouvements d'échauffement, prit courage et hop ! à l'eau. Il constata vite que papa avait un bas de ligne assez fort pour attraper un morse. C'est pour cela qu'il n'arrivait pas à casser cette ligne *made in USA*. Vasek plongea comme une loutre et libéra l'hameçon coincé sous une pierre. Puisqu'il était dans l'eau, il en profita pour nager un peu et la rivière en fut légèrement remuée, alors on ne pêcha rien pour le moment ou c'était pour de rire. On racontait des anecdotes et on s'amusait énormément. Mais la plupart du temps, on prenait la chose au sérieux.

Papa inventa une nouvelle théorie. Il fallait se procurer des centaines et des centaines de gros lombrics. On les hachait menu, on les jetait dans l'eau et on se mettait à pêcher. C'est comme ça qu'on allait prendre des anguilles. Mais d'abord, il lui fallait ces gros vers de terre. Par les nuits humides, il allait avec maman dans les jardins des maraîchers Novak, ils marchaient tout courbés, attrapaient les vers de terre par la tête à la lumière des lampes-torches et les tiraient hors du sol. Après ils avaient mal aux yeux et au dos. On avait sommeil, parce que ça se passait toujours au moment où les gens normaux dorment déjà. Papa venait de subir une grosse opération et ses yeux larmoyaient et il s'en écoulait une espèce de cochonnerie. Maman se lamentait, elle trouvait cela insupportable et affirmait à papa qu'il aurait dû épouser une tout autre maman. Papa lui expliquait qu'elle devait tenir bon et lui tenait des discours de propagande. Au bout de quelques jours, maman prit effectivement congé, elle resta à la maison et lui continua à voleter de nuit çà et là, avec sa lanterne, comme le Hollandais volant.

Quand il eut assez de vers de terre, il partit à la rivière, à vélo, avec sa remorque. Il ne croyait pas qu'il prendrait des anguilles d'or, mais il commença à attraper des anguilles solitaires. Bientôt, il m'envoya un petit mot pour m'inviter à Radotín.

Il m'accueillit, rasé et d'humeur festive, m'installa dans la véranda où on avait mis le couvert, couteau et fourchette, sur une nappe en dentelle blanche. Papa apporta un grand parchemin dont il avait brûlé les bords à la bougie, comme dans une taverne de nuit. Et le parchemin mentionnait quarante-deux préparations d'anguilles. À savoir : pâté d'anguille à l'anglaise, anguille à l'anglaise, à la beaucairoise, à la vénitienne, anguille bénédictine, anguille bon valet, anguille à la bordelaise, à la bourguignonne, anguille Durand, anguille aux fines herbes, à la flamande, à la française, anguille Hambourg, anguille helly, anguille fin gourmet, meunière, en brochette, anguille au beurre, au bleu, à la crème, à l'allemande, à la normande, à la parisienne, anguille sous la cendre, à la provençale, anguille sauce homard, aux écrevisses, en ragoût, anguille Robert, anguille à la rouennaise, à la russe, à la romaine, en sauce hollandaise, frite, anguille Sainte-Ménehould, à la Suffren, à l'espagnole, en sauce tartare, anguille fumée frite, à la Wilhelm, anguille à la Villeroy, anguille marinée. Là, je compris enfin pourquoi les anguilles étaient des poissons nocturnes qui nagent au fond de l'eau. Les meilleurs chefs, les gourmets du monde entier veulent leur faire la peau. Et les achètent souvent à prix d'or. Papa arriva en tablier, avec une assiette chaude, comme dans un établissement de luxe. Puis il apporta une poêle avec de l'anguille frite, coupée en tronçons garnie de croûtons dorés. Il eut un sourire gêné et dit à voix basse :

– On est à court des quarante-et-une autres préparations d'anguille, il ne reste que l'anguille au beurre. Et je répondis :

– C'est celle que je préfère, papa.

Et je me mis à manger. Il avait saupoudré son anguille de persil du jardin haché menu, elle sentait le jardin et la fleur de fraisier, de ceux qui poussaient à côté du persil. Assis là, il attendait que je termine. J'engloutis tout, il y avait longtemps que je n'avais pas mangé d'aussi bonne anguille. Je lui dis que c'était comme un poème et il était heureux tel un gosse. Il continua à pêcher l'anguille et à conserver ses prises vivantes pour moi dans son bassin et je ne comprenais pas pourquoi il n'invitait pas aussi d'autres gens, par exemple mes frères. À chaque fois qu'il prenait une anguille, il me faisait dire de venir. J'y allais. Une seule et unique fois j'amenai un ami qui avait des problèmes et je voulais que l'anguille l'aide à les chasser. C'était toujours le même rituel. Le menu sur parchemin, recopié de quelque part. L'anguille au beurre. Le silence. Les compliments. L'admiration. La cigarette. Le vin blanc bien frais. Ensuite il ramassait les fraises mûres de son jardin et il discourait. Les pêcheurs de Radotin m'apprirent combien de soirées il avait passées près de la Berounka. Des centaines d'heures dans le noir, où il n'y voyait goutte et où même les chiens errants avaient rejoint leur tanière. Lui-même était comme un vagabond et il pêchait seul, un par un, les poissons vagabonds. Il ne vit jamais les anguilles d'or, il n'eut pas cette chance. C'était peut-être comme le jeu. Lui, avait de la chance seulement en amour. Pour les poissons, il n'avait presque jamais de chance. Pour les prendre, il devait rester assis des heures, à la dure, il avait creusé la pierre qui lui servait de siège comme l'aurait fait un ruisseau.

Il m'écrivit de nouveau pour m'inviter à dîner. Tout se présentait comme d'habitude. Mais pas tout à fait. Papa me sembla plus solennel. Lorsque j'eus fini de manger et que je lui souris, il ne me laissa pas parler, mais il dit :

— Ça, mon camarade, c'était la onzième.

Et soudain, je compris. Comment avais-je pu être si idiot ? Il m'avait tout bonnement rendu et repayé ces onze anguilles, il ne voulait pas avoir de dettes quand il partirait pour l'autre monde.

On nous envoya un télégramme de Trebotov pour dire qu'il était mort. Je fis comprendre au maître de cérémonie que s'il faisait cette chose pour moi, je le lui revaudrais. Je savais que c'était interdit. Je lui glissai dans la main une petite boîte avec un couvercle. Sur la porcelaine blanche, on avait peint une rose grimpante rouge, petite comme une pomme d'api. Je lui demandai de mettre quelques grains de cendre dans la boîte. Plus tard, il me rendit la boîte et je l'emportai jusqu'à la rivière Berounka, la préférée de papa. Une petite brise soufflait, le teckel Ferda courait sur la route en dressant les oreilles. Sinon, il n'y avait personne. Je m'accroupis près du trou d'eau profonde où papa avait pris le plus d'anguilles. Je sortis la boîte à la rose et versai cette petite poignée à la limite entre le courant et l'eau dormante. Quelques grains sombrèrent, d'autres continuèrent à flotter. Je voulais que la rivière l'emporte vers les mers belles et chaudes pour qu'il n'ait jamais froid, comme certains ont parfois eu froid sur cette planète qui tourne sans arrêt sur elle-même, pareille à une toupie bigarrée.

Je lève la tête et j'aperçois un couple de grands oiseaux, des cygnes blancs. Ils agitent leurs ailes et volent en direction du château de Zbraslav, là où les larmes, le rire et les hommes se sont mués en statues.

ÉPILOGUE

×

J'ai perdu la boule aux Jeux olympiques d'hiver à Innsbruck. Mon cerveau s'est troublé, comme noyé dans un brouillard venu des Alpes. J'y ai croisé un homme qui était pour moi le diable avec tous ses attributs : sabots, cornes, poils et dents creuses datant de plusieurs siècles. Après, je suis parti dans les montagnes au-dessus d'Innsbruck et j'ai mis le feu à une ferme.

Je désirais allumer une grande lumière pour chasser le brouillard. Tandis que j'évacuais des écuries les vaches et les étalons pour leur éviter de brûler, la police autrichienne est arrivée. Ils m'ont mis des menottes et ils m'ont emmené dans la vallée. Je les ai injuriés, j'ai arraché mes bottes et je marchais pieds nus dans la neige comme le Christ montant au Golgotha.

Ils m'ont envoyé aux médecins pragois via Dvoriste[6]. Cette première époque n'a pas été terrible pour moi, mais elle l'a été pour ceux à qui j'étais cher et qui m'observaient. En fait, moi, je nageais dans le bonheur et je faisais tout avec fougue et conviction. C'était même agréable par moments, quelle merveille d'être un Christ donnant la bénédiction.

Le plus mauvais, c'est quand, à l'aide de comprimés,

---

[6] Horni Dvoriste, à la frontière autrichienne, un des rares postes frontières sous la République socialiste tchécoslovaque. (*N. d. T.*)

ils vous amènent à un état où vous réalisez que vous êtes fou. Vos yeux se remplissent de tristesse et vous savez désormais que vous n'êtes pas le Christ, mais un pauvre diable qui a perdu la raison, celle qui fait qu'un homme est un homme. On vous met derrière des barreaux perfectionnés, bien que vous n'ayez tué personne ni blessé qui que ce soit. Il n'y a pas eu de procès et vous êtes condamné. Et les gens au-dehors continuent à vivre et vous commencez à les envier.

Seul un miracle peut vous sauver. J'ai attendu ce miracle pendant cinq ans. Tu restes là, seul, assis sur une chaise pendant des semaines, des mois, des années. Je ne peux pas dire que j'ai souffert comme une bête, parce que personne ne sait comment souffre une bête, bien que cela fasse souvent l'objet de récits, oraux ou écrits. Je sais seulement que j'ai souffert atrocement, ce n'est même pas racontable. Et d'ailleurs personne ne le croirait, les gens ne veulent pas entendre parler de cette maladie parce qu'elle leur fait terriblement peur.

Quand mon état s'est amélioré, j'ai pensé à ce qui avait été le plus beau dans ma vie. Je ne pensais pas à l'amour, ni à mes pérégrinations à travers le monde. Je ne pensais pas à mes survols nocturnes d'océans, ni à ma sélection en hockey sur glace dans l'équipe Sparta de Prague. Je repartais vers les ruisseaux, les rivières, les étangs et les barrages à poissons ; je me rendais compte que c'était là ce que j'avais jamais vécu de plus beau.

Pourquoi était-ce si beau ?

Je ne peux pas l'expliquer exactement, mais j'ai essayé de le raconter dans ce livre. Je sais que je ne revoyais pas toujours le site où j'avais pris tel ou tel poisson, ni combien il avait mesuré de la tête à la queue, mais je me souvenais de tout ce qui se rapportait aux poissons. Surtout comment j'étais allé à leur rencontre, à pied ou par un moyen de locomotion. Pour me rendre sur la Zelivka, j'avais un vieux vélo grinçant et j'atteignais le torrent à truites quand les gens dormaient encore. Autour de moi, c'était l'immense théâtre de la nature. L'herbe et les champs scintillaient de rosée, les oiseaux chantaient et près de la forêt paissaient des biches qui me connaissaient déjà. Lorsque j'arrivais à ce merveilleux torrent, j'étais plein d'humilité, je prenais l'eau dans mes mains et je voulais me signer devant Dieu, mais je ne l'ai jamais fait. Je me souvenais du barrage perdu au-dessus de Janov où je pêchais avec ma maman Hermina des truites grosses comme des carpes et où l'eau était verte comme l'herbe de la prairie céleste dont je rêvais.

Je revoyais surtout la région de Krivoklat. Le moulin de Nezabudice et sa lumière perpétuelle allumée pour les braconniers et les gendarmes. Je repensais aux anguilles mystérieuses qui passaient par là, avec leurs petits yeux de serpent, toutes frénétiques dans leur pèlerinage depuis les mers et les océans. L'intéressant, c'est que bien des choses de ma vie avaient disparu, mais les poissons étaient restés. Ils faisaient le lien avec la nature, où ne tressautait pas, avec ses saccades ridicules, le tramway de la civilisation. Je sais désormais que ce qui attire la plupart des gens, ce n'est pas seulement la quête du poisson, mais la solitude des temps révolus, le besoin d'entendre une fois encore l'appel de l'oiseau et du gibier, d'entendre encore tomber les feuilles d'automne. Tandis que je mourais là-bas à petit feu, je voyais surtout cette rivière qui comptait plus que tout dans ma vie et que je chérissais. Je l'aimais tellement, qu'avant de me mettre à pêcher je ramassais son eau dans mes mains en coquille et je l'embrassais comme on embrasse une femme. Puis je m'aspergeais le visage avec le reste de l'eau et je réglais ma canne. La rivière s'écoulait devant moi. L'homme voit le ciel, il jette un regard dans la forêt, mais il ne voit jamais au cœur d'une vraie rivière. Pour voir ce qui se passe dans une vraie rivière, il lui faut une canne à pêche.

Parfois, assis près de la fenêtre à barreaux, je pêchais ainsi en souvenir et c'en était presque douloureux. Pour cesser d'aspirer à la liberté, il me fallait renoncer à la beauté et me dire que le monde était aussi plein de saleté, de dégoût et d'eau trouble.

J'arrive enfin au mot juste : liberté. La pêche, c'est surtout la liberté. Parcourir des kilomètres en quête de truites, boire à l'eau des sources, être seul et libre au moins une heure, un jour, ou même des semaines et des mois. Libéré de la télévision, des journaux, de la radio, de la civilisation.

Cent fois j'ai voulu me tuer quand je n'en pouvais plus, mais je ne l'ai jamais fait. Dans mon subconscient, je voulais peut-être embrasser une fois encore la rivière sur la bouche et pêcher des poissons d'argent. La pêche m'avait appris la patience et les souvenirs m'aidaient à survivre.

TABLE

×

Préface	9
Le plus cher de toute l'Europe centrale	17
Au service de la Suède	26
Le concert	50
Le brochet noir	53
Mon premier poisson	55
Duel pour les brochets	59
Sous le Rocher des Sima	62
Avec papa au festin des anguilles	65
Les cèpes blancs	70
La mort des beaux chevreuils	73
Des carpes pour la Wehrmacht	94
Ils peuvent même vous tuer	105
La longue lieue	115
Insectes - problème résolu	127
Chez Prosek après la guerre	145
Une bien petite truite	148
Pumprdentlich	153
La course dans Prague	158
Des chaussures *Made in Italy*	172
Le braconnage	177
Le ruisseau de l'ingénieur	180
Il n'y aura pas de cochon !	185
Je n'échange pas contre la Riviera	189
Un sac à dos en peau de cerf	197
Des lapins aux yeux sagaces	200
Les anguilles d'or	208
Épilogue	223

Cet ouvrage a été achevé d'imprimer en juin 2017
par les Ateliers graphiques de l'Ardoisière, à Bègles (France).
Numéro d'éditeur : 03
Dépôt légal : octobre 2016
Imprimé en France

—

Conception graphique & création d'images :
Studio Mr Thornill
www.monsieurthornill.com

.

La police utilisée pour ce livre est l'Eidetic Neo
de la fonderie Emigre Graphics,
née un an après la création, en 1984,
de la revue de design et de graphisme Emigre (é-mi-gré),
qui se définissait elle-même à travers son sous-titre :
« La revue qui ignore les frontières ».
Si le dernier numéro est paru en 2005,
la fonderie est toujours installée
à Berkeley (États-Unis).

—

Les éditions do,
créées en 2015 par Olivier Desmettre, sont installées
à Bordeaux (France).

—